AAN DE SLAG MET DE VISION PRO

DE WAANZINNIG EENVOUDIGE GIDS VOOR HET BEGRIJPEN EN GEBRUIKEN VAN VISIONOS EN SPACIAL COMPUTING

SCOTT LA COUNTE

ANAHEIM, CALIFORNIË

www.RidiculouslySimpleBooks.com

dit boek worden gebruikt, worden uitsluitend gebruikt voor redactionele en educatieve doeleinden.

Disclaimer: Hoewel alles in het werk is gesteld om de nauwkeurigheid te garanderen, wordt dit boek niet ondersteund door Apple Inc. en dient het als niet-officieel te worden beschouwd.

Inhoudsopgave

INLEIDING

Ontdek de revolutionaire wereld van ruimtelijk computergebruik zoals die tot leven wordt gebracht door de nieuwste innovatie van Apple: de Apple Vision Pro.

Deze gids gaat niet alleen over het begrijpen van een apparaat; het is een stap in de toekomst van ruimtelijk computergebruik. Voor mensen die een Vision Pro hebben, zal deze gids laten zien hoe ze het kunnen gebruiken; voor mensen die gewoon nieuwsgierig zijn naar het apparaat, zal deze gids laten zien waar het toe in staat is en je helpen beslissen of het iets voor jou is.

Deze gids gaat dieper in op de functionaliteiten, het ontwerp en de transformatieve mogelijkheden van dit baanbrekende apparaat. Het is een verkenning van hoe de Vision Pro de wereld van productiviteit, entertainment, connectiviteit en ruimtelijk computergebruik opnieuw definieert.

Je zult het leren:

- **Navigeren door het OS**: Ontdek de intuïtieve interactiemogelijkheden van de Vision Pro, waaronder oogbewegingen, handgebaren en spraakopdrachten.

- **Transformatie van de werkruimte**: Ontdek hoe dit apparaat schermbeperkingen overstijgt en gebruikers in staat stelt applicaties te integreren en te schalen binnen hun fysieke omgeving, waardoor de dynamiek van werkruimten verandert.
- **Verhoogde entertainmentervaring**: Ontdek hoe de Vision Pro elke kamer verandert in een persoonlijk theater en een ongeëvenaarde entertainmentervaring biedt met geavanceerde visuele en audiotechnologie.
- **Vastleggen en herbeleven in 3D**: duik in de mogelijkheden van de eerste 3D-camera van Apple, waarmee gebruikers ruimtelijke foto's en video's kunnen vastleggen, wat een nieuwe dimensie toevoegt aan het bewaren van herinneringen.
- **Een nieuwe definitie van digitale connectiviteit**: Ontdek hoe de Vision Pro virtuele interacties verbetert, waardoor digitale vergaderingen en samenwerkingen meeslepender en effectiever worden.
- En nog veel meer!

De Apple Vision Pro is een combinatie van digitale en fysieke realiteiten en creëert ervaringen die ooit voor onmogelijk werden gehouden. In dit boek krijgen lezers een grondig inzicht in de mogelijkheden van de Vision Pro en de mogelijkheden

die het biedt om het leven van alledag te veranderen.

Opmerking: deze handleiding is gemaakt om je ervaring met Vision Pro te verbeteren. Hoewel deze gids niet officieel wordt onderschreven door Apple, Inc., biedt hij een schat aan kennis en tips om je te helpen het beste uit je apparaat te halen.

[1]

DE VISIE LEREN KENNEN PRO

VOOR WIE IS DIT DING?

De Vision Pro is een revolutionair apparaat. Het voor de eerste keer opzetten is... een ervaring die zijn weerga niet kent. Ik zou eindeloos kunnen doorgaan over de meeslepende en levensechte kwaliteiten, maar woorden kunnen de essentie ervan gewoon niet vatten. Het is gewoon ongelooflijk. Toen ik het voor het eerst gebruikte, kon ik alleen maar denken aan hoe mijn kind deze technologie over een paar jaar op school zou kunnen gebruiken, waardoor het onderwijs mogelijk zou veranderen. Stel je voor dat je niet eens fysiek naar school zou hoeven gaan - leerlingen zouden met elkaar kunnen communiceren en hun medeleerlingen kunnen zien alsof ze er zelf bij waren.

Dus het is voor iedereen, toch? Zoiets, maar nog niet helemaal. Als je 3500 dollar over hebt, waarom zou je hem dan niet kopen? Dan kun je er net zo goed een kopen voor je minder fortuinlijke vriend of vriendin! Voor de overgrote meerderheid van ons blijft de Vision Pro voorlopig buiten ons bereik. Hij ligt in het verschiet; net zoals de iPhone een revolutie teweeg heeft gebracht in ons dagelijks leven, zal de Vision Pro hetzelfde gaan doen. Hij wordt betaalbaarder en lichter. Hij is nu al uitstekend, maar er is altijd ruimte voor verbetering.

Voor alle duidelijkheid: de Vision Pro geen bètaproduct. Het is een gepolijst apparaat dat beter presteert dan elk ander in zijn soort. Het is niet eens een eerlijke vergelijking met andere headsets.

Maar voor wie is het eigenlijk? Er zijn talloze toepassingen. Ontwikkelaars zijn bijvoorbeeld een belangrijke doelgroep; als je in de voorhoede wilt zitten van een technologie die ons werk en onze interacties een nieuwe vorm zal geven, dan is de Vision Pro onmisbaar. Het is een must-have om dit nieuwe platform te begrijpen en te creëren. Voor mensen die vaak reizen is de Vision Pro een gamechanger, omdat hij een enorme virtuele kantoorruimte biedt wanneer de fysieke ruimte beperkt is. Dit geldt ook voor werknemers op afstand zonder eigen werkplek; je kunt je concentreren in minder dan ideale omgevingen - zorg alleen wel voor een comfortabele stoel om te voorkomen dat je nek overbelast raakt, wat zelfs met goede ondersteuning het geval kan zijn. Het is ook het ultieme entertainmentapparaat voor filmliefhebbers; het belooft een ervaring die superieur is aan elke televisie die je bezit, hoewel het komt met een voorbehoud van isolatie-je kunt geen film delen op de bank met iemand tenzij ze hun eigen headset hebben.

Als je je zorgen maakt over migraine en bewegingsziekte, wees dan gerust dat deze problemen minder te maken hebben met de ervaring en meer met het feit dat het gewicht van het apparaat spierspanning veroorzaakt. Hoewel individuele ervaringen kunnen variëren, zijn de meesten het erover eens dat bewegingsziekte die geassocieerd wordt met andere headsets geen probleem is met de Vision Pro. Het kan zijn dat je je de eerste paar keer dat je hem afzet een beetje vreemd voelt, maar dat komt grotendeels door het niveau van immersie-je hersenen zijn zich aan het aanpassen aan nieuwe ervaringen. Het is belangrijk om er geleidelijk aan aan te wennen. Ga niet overhaast actief bewegen, maar leun achterover, ontspan en acclimatiseer aan deze nieuwe ervaring. Ik zou aanraden om niet meer dan 20 of 30 minuten per keer te doen als je het voor het eerst gebruikt; en ik weet dat het heel verleidelijk zal zijn om de grenzen op te zoeken omdat het zo leuk is.

We staan aan de vooravond van een technologische revolutie en omdat er dagelijks nieuwe toepassingen worden ontwikkeld, zal de Vision Pro alleen maar beter worden. Als je niet overtuigd bent dat de Vision Pro iets voor jou is, is dat begri-

jpelijk; maar overweeg dan om er over een paar
jaar nog eens naar te kijken.

WAT ALS IK EEN MEDISCHE OMSTANDIGHEDEN

Dus misschien is de Vision Pro iets voor jou,
maar wat als je snel migraine krijgt, zwanger bent
of een andere gezondheidstoestand hebt? Dan is
het misschien wel of misschien niet iets voor jou.
Hoe weet je dat zeker: raadpleeg je arts voordat je
het gebruikt.

Als je groen licht krijgt van je arts, zijn hier wat
tips:

- Begin zittend en begin rustig aan met minder meeslepende ervaringen.
- Houd je sessies kort en krachtig, met voldoende pauzes.
- Als je ongemak, duizeligheid of vermoeide ogen voelt, is het tijd om een pauze te nemen.

Voor mensen met medische apparaten zoals
pacemakers, gehoorapparaten of defibrillators zou
je nieuwe techmaatje, de Vision Pro een beetje te
magnetisch zijn. Dus, nogmaals, je kunt het beste
je arts of de fabrikant van het apparaat raadplegen
voordat je de Vision Pro gebruikt.

Als alles goed gaat, onthoud dan:

- Houd een veilige afstand aan tussen je Vision Pro en medische apparaten.

- Als u interferentie met uw apparaat opmerkt, kunt u de headset beter niet meer gebruiken.

Hier zijn enkele duidelijke signalen om een pauze in te lassen of medisch advies in te winnen:

- Alle symptomen die verband houden met je medische aandoening komen naar boven.
- Je bent helemaal schoon verklaard door je arts, maar je voelt je nog steeds lichamelijk ongemakkelijk, duizelig of visueel gespannen.
- Je merkt huidirritatie, zwelling of jeuk op tijdens of na gebruik.

Het gebruik van de Apple Vision Pro kan geweldig zijn, maar je gezondheid moet natuurlijk de hoogste prioriteit hebben. Overleg altijd met je zorgverlener voor een veilige en plezierige ervaring. Het is altijd beter om het zekere voor het onzekere te nemen.

APPLE VISION PRO MET LENZEN OP STERKTE

Wat als je denkt dat de Vision Pro iets voor jou is, maar je net als veel andere mensen een bril draagt. Goed nieuws! Je kunt je bril niet direct dragen met de Vision Pro (je kunt wel contactlenzen dragen), maar er is een oplossing: Zeiss Optical Inserts. Deze zijn speciaal ontworpen voor de Vision Pro en zijn geschikt voor een breed scala aan voorschriften, waaronder astigmatisme. Helaas zijn deze inserts nog geen optie als je bril een prismawaarde heeft.

Heb je hem nodig? Ik heb alleen een bril nodig voor veraf, dus ik dacht niet dat ik 149 dollar zou uitgeven, maar ik ben blij dat ik het gedaan heb. Hij zit precies op mijn gezicht, dus waarom zou ik me druk maken? Omdat de diepte van het beeld ver weg kan zijn. Ik heb het met en zonder bril geprobeerd en het is beter met bril.

Om deze inserts te krijgen, heb je een recept nodig met je volledige naam, geboortedatum en de gegevens van je contactlensspecialist. Vergeet niet dat het voorschrift zowel je verte- als dichtbij-correctie moet dekken en niet verlopen mag zijn. En hier is een tip: recepten voor contactlenzen zijn hier niet voldoende.

Als je een fan bent van multifocale of bifocale brillenglazen, dan heb je geluk, want deze inzetstukken voldoen aan de meeste van deze behoeften. Nadat je je voorschrift hebt opgestuurd, hoor je binnen een dag of je aangepaste inzetstukken beschikbaar zijn. Het kostte me minder dan 5 uur en hoewel er stond dat het drie weken zou duren, lagen ze bij de lancering al voor mijn deur.

Als je brillen meer gericht zijn op het lezen van de nieuwste bestsellers, kun je kiezen voor Zeiss Optical Inserts - Readers. Ze zijn verkrijgbaar in verschillende sterktes, passend bij je leesbril. Maar als je merkt dat je scheel kijkt of je ongemakkelijk voelt bij het gebruik van de Vision Pro gebruikt, is het misschien tijd om een oogspecialist te raadplegen voor een beter passend recept.

Als je zachte enkelvoudige contactlenzen gebruikt, kun je zonder extra inzetstukken verder. Gebruikers van harde lenzen kunnen echter problemen hebben met het volgen van de ogen. Overweeg in dat geval de Zeiss Optical Inserts of een alternatieve controlemethode, zoals Pointer Control.

Wat als u aan monovision bent geopereerd of monovision contactlenzen gebruikt? U moet dan overschakelen naar Zeiss Optical Inserts op basis van een brilrecept.

Vision Pro is een technisch hoogstandje dat je blik gebruikt om te navigeren. Maar als je last hebt van aandoeningen zoals hangende oogleden, strabisme of nystagmus, werkt deze functie misschien niet zo soepel. Maak je echter geen zorgen. De toegankelijkheid van de Vision Pro functies van de Vision Pro, waarmee je kunt navigeren met je pols, hoofdbewegingen, vingerbewegingen of stemcommando's.

SLAG OM VR

Toen je hoorde over de Vision Pro, een van de eerste dingen die je zei was: "Dat is veel geld! Meer dan bijna elke andere VR-headset die er is." Apple zal je vertellen: "Dit is geen VR-headset, maar spatial computing. Maar dat houdt de vergelijking met andere apparaten niet tegen. In dit gedeelte bekijken we drie headsets: de Meta Quest 3 (waarschijnlijk de populairste), de PSVR 2 (voor gamers) en de HoloLens 2 (Microsofts antwoord op mixed reality en een van de beste headsets voor bedrijven), en we zullen zien hoe ze zich verhouden tot de Vision Pro.

META QUEST 3

Als het op VR aankomt, springt iedereen meestal naar de Meta Quest. De headset is al een paar jaar in de smaak gevallen met elke generatie van het apparaat. Laten we eens kijken hoe de twee zich tot elkaar verhouden.

Prijs en betaalbaarheid
- Meta zoektocht 3: Met een prijs van 499 dollar wordt de Meta Quest 3 gepositioneerd als een meer betaalbare optie in de VR-markt. Deze prijsstrategie suggereert een doel om een bredere consumentenbasis aan te trekken.
- Apple Vision Pro: De Vision Pro kost € 3.499 en is een high-end apparaat voor een nichemarkt. De hoge prijs weerspiegelt de geavanceerde functies en is waarschijnlijk gericht op professionals of enthousiastelingen die op zoek zijn naar de best mogelijke VR/AR-ervaring.

Besturingssysteem en ecosysteem

- Meta Quest OS: De Quest 3 draait op het Meta Quest OS, een platform dat is voortgekomen uit het ecosysteem van Oculus en bekend staat om zijn robuuste bibliotheek met games en toepassingen.

- visionOS: Apple's Vision Pro werkt op visionOS, dat naadloze integratie biedt met andere Apple producten en diensten. Dit Quest OS is niet eenduidig, maar Vision OS biedt een meer eenduidige en mogelijk gebruiksvriendelijkere ervaring, vooral voor bestaande Apple gebruikers.

Controlemechanismen

- Meta zoektocht 3: Maakt gebruik van vernieuwde Touch controllers, waardoor een vorm van fysieke interactie behouden blijft die veel VR-gebruikers kennen.

- Apple Vision Pro: Biedt een controllerloze ervaring, waarbij gebruik wordt gemaakt van eye-tracking en handgebaren. Deze geavanceerde aanpak zorgt voor een meeslepende en intuïtieve gebruikerservaring.

Beeldkwaliteit

- Meta zoektocht 3: Voorzien van een LCD met een resolutie van 2064x2208 per oog, voor een heldere en levendige visuele ervaring.

- Apple Vision Pro: Beschikt over dubbele 4k micro-OLED-schermen, wat cruciaal is voor professionele toepassingen en geavanceerde games.

Verwerkingskracht

- Meta zoektocht 3: Aangedreven door de Snapdragon XRGen 2 processor, voor soepele prestaties in standaard VR-toepassingen.

- Apple Vision Pro: Uitgerust met de Apple siliciumchip M2, bekend om zijn efficiëntie en kracht, wat wijst op mogelijk betere prestaties, vooral in veeleisendere toepassingen.

Ontwerp en comfort

- Meta zoektocht 3: Biedt een vernieuwde Quest vormfactor, 40% lichter en slanker dan zijn voorganger, met de nadruk op gebruikerscomfort tijdens langdurig gebruik.

- Apple Vision Pro: De Quest is iets lichter, maar beide zijn zware apparaten waar je even aan moet wennen. De bandjes van Apple voelen echter veel beter aan.

Sensortechnologie

- Meta zoektocht 3: Gebruikt frontcamera's voor AR en tracking, wat voldoende is voor algemene VR-ervaringen.

- Apple Vision Pro: Bevat meer dan een dozijn camera's voor geavanceerde AR en irisscans, die allemaal een geavanceerdere benadering van gebruikersinteractie en het in kaart brengen van de omgeving bieden.

Audio-ervaring

- Meta zoektocht 3: Met ingebouwde luidsprekers en een 3,5mm-aansluiting voor standaard audiomogelijkheden.
- Apple Vision Pro: Bevat geavanceerde ruimtelijke audio met hifi-luidsprekers, die de onderdompeling en het realisme van de VR/AR-ervaring verbeteren.

IPD-aanpassing

- Meta zoektocht 3: Maakt gebruik van een fysieke instelknop, waarmee gebruikers handmatig de interpupilaire afstand kunnen instellen voor comfort en helderheid.
- Apple Vision Pro: Lenzen passen zich automatisch aan, voor een gebruiksvriendelijkere ervaring en mogelijk betere visuele kwaliteit voor een breder scala aan gebruikers.

Mogelijkheden voor tracering

- Meta zoektocht 3: Richt zich op controller en wat hand-tracking, voldoende voor de meeste huidige VR-toepassingen.
- Apple Vision Pro: Biedt volledige bewegingsregistratie via camera's, een functie die een revolutie teweeg kan brengen in VR-interacties en nieuwe mogelijkheden kan bieden in verschillende toepassingen.

Opslagopties

- Meta zoektocht 3: Begint bij 128 GB, met een versie van 512 GB volgens de geruchten, wat voldoende ruimte biedt voor games en apps.
- Apple Vision Pro: de Vision Pro is verkrijgbaar in 256 GB, 512 GB en 1 TB.

Doorloopcamera Kwaliteit

- Meta zoektocht 3: Met full-color passthrough, voor een nog betere AR-ervaring.
- Apple Vision Pro: Biedt passthrough met een ongelooflijk hoge resolutie, waarmee een nieuwe standaard wordt gezet voor de helderheid en het realisme van AR-toepassingen. De Meta Quest passthrough is korrelig in situaties met weinig licht; het is genoeg om te weten waar je bent in een kamer, maar helemaal niet zoals de HD op de Vision Pro.

Batterij Levensduur en draagbaarheid

- Meta zoektocht 3: Biedt een batterijlevensduur van 2 tot 2,5 uur, wat gebruikelijk is voor de huidige VR-headsets.
- Apple Vision Pro: Gaat tot 2 uur mee, wat gezien de geavanceerde functies redelijk is. De Vision Pro weegt ongeveer 1,3 pond, wat iets zwaarder is dan de Quest 3..

De Meta Quest 3 en Apple Vision Pro richten zich op verschillende segmenten van de VR/AR-markt. De Quest 3 biedt een betaalbare, gebruiksvriendelijke ervaring die geschikt is voor gaming en algemene VR-toepassingen. De Vision Pro is daarentegen een hoogwaardig apparaat dat de grenzen van VR/AR-technologie verlegt, gericht op professionals en enthousiastelingen die op zoek zijn naar de meest geavanceerde ervaring.

Veel mensen suggereren dat als de Vision Pro buiten je budget valt, de Quest 3 een goed alternatief is. Ik denk echter dat deze vergelijking niet helemaal opgaat. Voor mensen die vooral geïnteresseerd zijn in gaming en misschien fitness, en op zoek zijn naar een echte VR-ervaring, kan de Quest 3 een goede optie zijn als de Vision Pro onbetaalbaar is.

Aan de andere kant, als je bent zoals ik en een headset nodig hebt voor zowel werk als productiviteit, met als extra bonus af en toe entertainment, dan is de Quest 3 misschien niet de beste aankoop zijn. Gezien de aanzienlijke investering die nodig is voor een Vision Pro, is het begrijpelijk als het buiten je budget valt. In dat geval zou ik adviseren om te wachten op de volgende versie van de Vision Pro of om de Quest 4 te overwegen, afhankelijk van de specificaties, die op het moment van dit schrijven nog moeten worden vrijgegeven.

Hoewel werken op de Quest 3 is niet uitgesloten, maar hij biedt niet hetzelfde gebruiksgemak als de Vision Pro. Het is redelijk snel, vooral voor Windows-gebruikers, omdat het compatibel is met het besturingssysteem, in tegenstelling tot de Vision Pro. Het grootste probleem met de Quest 3 is het besef dat je hem gebruikt - de beelden zijn wat wazig en niet scherp genoeg. De Vision Pro biedt daarentegen een meeslepende ervaring; zonder het gewicht van de headset zou je zelfs kunnen vergeten dat je hem draagt.

PSVR 2

Meta Quest is niet de enige game in de stad, vooral niet als je een gamingheadset wilt. PSVR 2 is ontworpen voor de PlayStation, dus je hebt een PS5 nodig om hem te gebruiken. Maar hoe verhouden ze zich tot elkaar? Dat zoeken we uit:

Weergave en visuele natuurgetrouwheid
- Apple Vision Pro: Heeft een indrukwekkend beeldscherm met 23 miljoen pixels per paneel, dat de resolutie van de meeste 4K-tv's overtreft. Deze functie belooft ongeëvenaarde helderheid en detail in visueel materiaal.
- PSVR 2: Beschikt over twee OLED-schermen van 2000 x 2040 en 4K HDR-mogelijkheden. Hoewel dit indrukwekkend is, lijkt de Vision Pro een streepje voor heeft op het gebied van pixeldichtheid en helderheid.

Integratie en bruikbaarheid
- Apple Vision Pro: Biedt veelzijdigheid dankzij de mixed reality-mogelijkheden, waarmee gebruikers apps kunnen laten samensmelten met hun omgeving. Het apparaat kan worden aangesloten op het lichtnet of worden gevoed door een batter-

ij, met een werktijd van 2 uur. Bovendien bevat het een extern scherm dat de ogen van de gebruiker weergeeft, waardoor het gevoel van aanwezigheid wordt versterkt.

- PSVR 2: Sluit naadloos aan op de PlayStation 5 via een USB C-kabel. Deze integratie zorgt voor een probleemloze installatie voor gamers, zonder zorgen over de levensduur van de batterij.

Ontwerp en interactie

- Apple Vision Pro: Heeft een futuristisch skibrilontwerp met een slank en dun profiel. Het heeft een pluchen band voor comfort en een stijlvolle zilverkleurige tint. De interactie met het apparaat verloopt via spraak, oogbewegingen en handgebaren, zodat je geen controller nodig hebt.

- PSVR 2: Hoewel hij esthetisch niet zo strak is als de Vision Pro, is deze ontworpen voor comfort. De PSVR 2 vereist het gebruik van tactiele, lichte en gebruiksvriendelijke Sense Controllers voor navigatie en gameplay.

Prijs

- Apple Vision Pro: De Vision Pro is gepositioneerd als een topproduct en heeft een stevige prijs van € 3.499. Dit weerspiegelt de geavanceerde technologie en mixed-realitymogelijkheden.

- PSVR 2: De PSVR 2 is met 549 dollar aanzienlijk goedkoper dan de Vision Pro, waardoor het een meer toegankelijke optie is voor VR-gamefanaten.

De Apple Vision Pro en PSVR 2bieden beide meeslepende ervaringen en hoge-resolutie graphics, maar richten zich op verschillende doelgroepen en doeleinden. De Vision Pro is een high-end, mixed-reality apparaat dat geschikt is voor mensen die op zoek zijn naar een uitgebreide en veelzijdige AR/VR-ervaring, met name voor streamen, bekijken en professionele toepassingen. De PSVR 2 is daarentegen een speciale VR gaming-headset, ideaal voor PlayStation 5-gebruikers die op zoek zijn naar een meeslepende game-ervaring.

Je kunt games spelen op de Vision Er zijn er duizenden om uit te kiezen als je kijkt naar alle iPad-apps die zijn toegevoegd aan het ecosysteem; maar de PS5 is gemaakt voor games, dus het zal niemand verbazen als ik zeg dat de games op de PSVR 2 superieur zijn.

HoloLens 2

Als je dacht dat de Vision Pro de enige headset van $3500 was, dan ben je vast de HoloLens vergeten. Maak je geen zorgen! Iedereen is het vergeten! De HoloLens is Microsofts antwoord op mixed reality. En ik weet wat je denkt: Microsoft heeft MR! Ja! En het is eigenlijk heel cool. Ze werken al jaren in deze ruimte en hebben in veel opzichten een voorsprong op Apple. Is het een superieur apparaat? Laten we het uitzoeken!

Ontwerp

- Apple Vision Pro: De Vision Pro heeft een slank, stijlvol ontwerp dat lijkt op een skibril. Het is gemaakt van aluminium met een gebogen glazen scherm en straalt een moderne, consumentvriendelijke esthetiek uit. Deze ontwerpkeuze weerspiegelt de focus van Apple op het maken van een apparaat dat niet alleen functioneel maar ook modieus is.

- HoloLens 2: Daarentegen heeft de HoloLens 2 een industriële look met een vizierachtige vormfactor, voornamelijk gemaakt van plastic. Dit ontwerp is meer utilitair en legt de nadruk op functionaliteit en duurzaamheid, wat belangrijk is voor zakelijke en industriële toepassingen.

Kenmerken

- Apple Vision Pro: De Vision Pro is in de eerste plaats ontworpen voor consumenten en heeft een breder gezichtsveld dan de HoloLens 2, waardoor het een meer meeslepende AR-ervaring kan bieden. Het comfort is ook een belangrijk kenmerk, waardoor het geschikt is voor langdurig gebruik. De "ruimtelijke computer" krachten van de Vision Pro zijn een ander hoogtepunt en beloven innovatieve interacties met de digitale wereld.

- HoloLens 2: De HoloLens 2 is gericht op bedrijven en blinkt uit in geavanceerde trackingmogelijkheden en naadloze integratie met het Microsoft-ecosysteem, waaronder diverse bedrijfsapplicaties. Deze focus op professionele use cases geeft het een voorsprong in omgevingen waar robuustheid en precisie cruciaal zijn.

Prijs

- Apple Vision Pro: De Vision Pro kost € 3.499. Dit prijspunt positioneert het als een premium product en weerspiegelt de geavanceerde technologie en het ontwerp.

- HoloLens 2: De HoloLens 2 is momenteel verkrijgbaar voor $ 3500 en $ 4500 voor de bedrijfseditie. Deze prijsstrategie onderstreept de focus op professionele en industriële markten, waar de investering kan worden gerechtvaardigd door het nut van het apparaat in gespecialiseerde toepassingen.

De Apple Vision Pro en de HoloLens 2 zijn allebei krachtige AR-headsets, maar dienen verschillende doelen en doelgroepen. De Vision Pro is een uitstekende keuze voor consumenten die waarde hechten aan stijl, comfort en een breed gezichtsveld in een AR-headset. De mogelijkheden zijn gericht op meeslepende ervaringen in persoonlijk entertainment, gaming en misschien licht professioneel werk.

Aan de andere kant is de HoloLens 2 bij uitstek geschikt voor bedrijven en professionele omgevingen. De geavanceerde trackingfuncties, robuuste bouw en integratie met Microsofts suite van zakelijke tools maken het een praktische keuze voor industrieën zoals productie, gezondheidszorg en onderwijs.

EEN VISIE KOPEN PRO

De Vision Pro is een van de meest unieke koopervaringen die Apple ooit heeft aangeboden. Voor de beste pasvorm kun je met een afspraak naar een Apple Store gaan en je laten opmeten. Als je dat niet wilt, kun je het ook op je iPhone of iPad doen (je kunt natuurlijk ook je computer gebruiken, maar dan word je doorverwezen naar je iPhone of iPad om de metingen te doen). Mijn advies: gebruik een iPhone. Ik heb het geprobeerd op een iPad Pro en vond het proces een beetje frustrerender. Ik draaide mijn hoofd op allerlei verschillende manieren om het te laten scannen.

Wat ik ook sterk aanraad is om de scan twee of drie keer te doen. De eerste keer dat ik het probeerde, kreeg ik een medium. De volgende twee keer een small. De Light Seal is ook gemeten op 21W en 23W. Als je niet naar de winkel kunt gaan, kun je ze allebei kopen en degene die niet past terugbrengen.

Wanneer je begint met afrekenen, word je begroet met een pagina waarop je eerst je gezicht moet scannen. Het is een snel proces, maar zorg wel voor voldoende licht. Dit werkt niet in een schemerige kamer. De eerste keer dat ik het probeerde, moest ik van kamer wisselen.

Als je ooit Face ID hebt gedaan op je Apple apparaat, zijn de volgende stappen vergelijkbaar. Je scant je gezicht door in verschillende richtingen te kijken. (opmerking: vergeef me mijn foto hieronder - ik woon aan de westkust, dus het bestellen van de Vision Pro bestellen was om 5 uur 's ochtends wakker worden!)

Nadat je het één keer hebt gedaan, doe je precies hetzelfde een tweede keer.

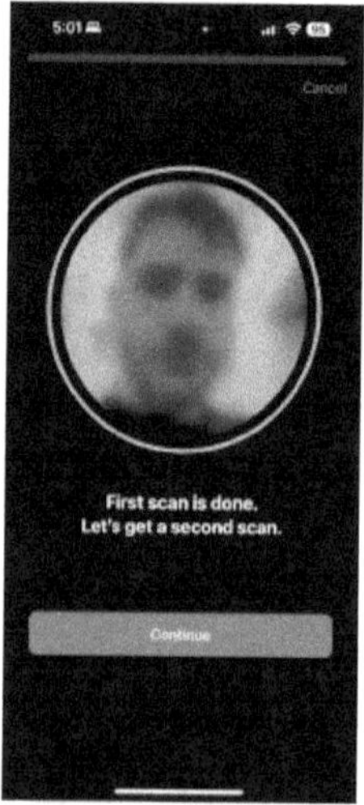

Als de scan klaar is, krijg je een scherm waarin staat dat je gezicht is opgemeten. Je moet een beetje scrollen om bij het volgende deel te komen, namelijk de lenzen op sterkte.

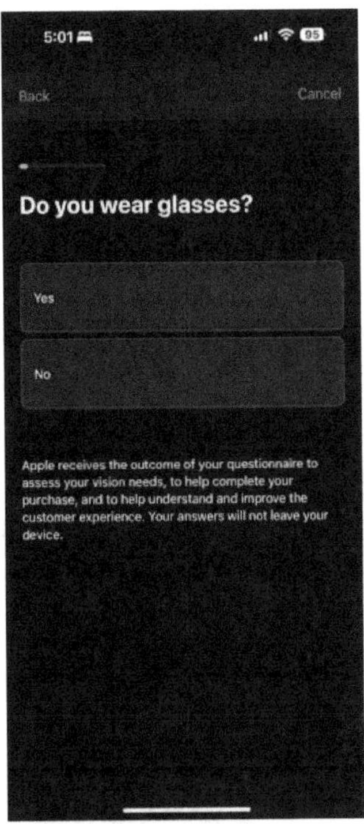

Het volgende deel van het aankoopproces is eenvoudiger - slechts een handvol vragen over of u een bril of contactlenzen draagt of ooit een oog-correctie hebt ondergaan. Dit zal helpen bepalen of de ZEISS brillenglazen ideaal voor u zijn.

Als je deze vragenlijst hebt ingevuld, krijg je te horen dat je geen extra lenzen nodig hebt of dat je je voorschrift moet uploaden. U hebt uw voorschrift niet nodig om een bestelling te plaatsen. U kunt het overslaan en later terugkomen om het toe te voegen.

De rest van de aankoop is vrij standaard. Er wordt gevraagd of je een betalingsregeling wilt, of je Apple Care+ wilt (sla het gedeelte over Apple Care+ over als je hierover twijfelt - een tip: reparaties zonder Apple Care+ kunnen meer dan € 2000 kosten!) en of je het product in een winkel wilt ophalen of wilt laten opsturen. Als je dat allemaal hebt gedaan, kun je je bestelling plaatsen en ben je klaar! Het hele proces duurt ongeveer 5 tot 10 minuten.

UNBOXING

Ik doe meestal geen unboxing als ik how to-boeken publiceer; de Vision Pro is echter geen typisch product, dus ik doe het een beetje anders. In dit gedeelte lees je hoe het verpakt is.

Het eerste wat je misschien zal verbazen is hoe groot de doos is. Hij weegt meer dan 5 pond en is groter dan de doos voor een MacBook.

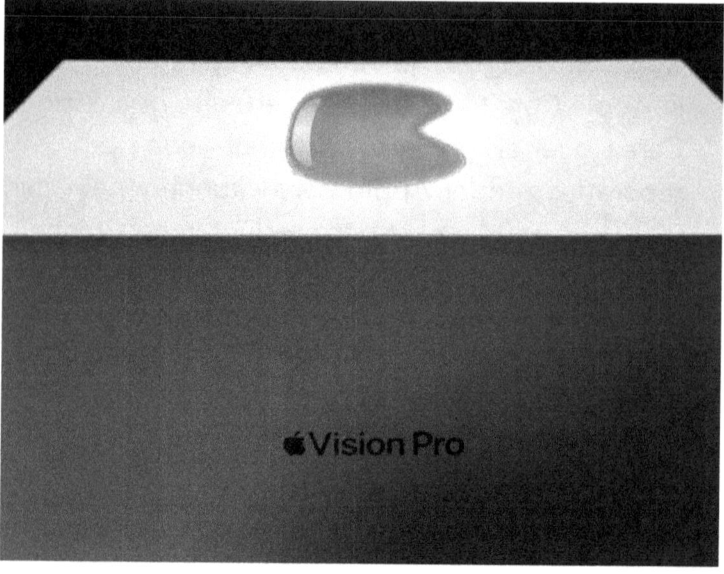

Om je een idee te geven van hoe groot het is, laat ik je de Belkin battery pack accessoire zien (dit is een optionele extra aankoop), en dan laat ik het naast de doos zien.

Dit is de voorkant van de Belkin-batterijhouder; je kunt hem aan je vastklemmen of het koordje gebruiken om hem om je heen te dragen.

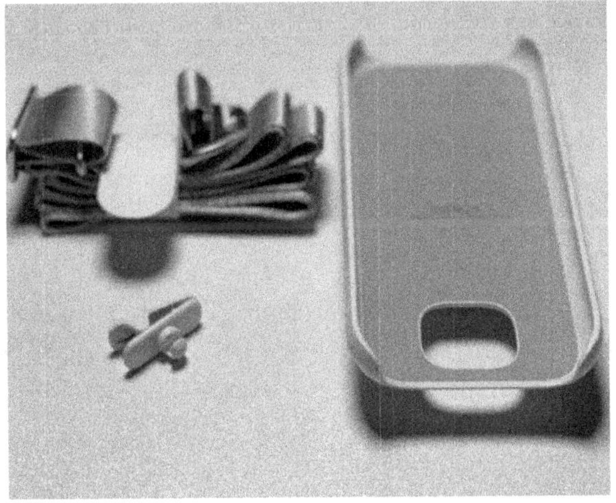

Hieronder zie je de voorkant; en om je een idee te geven van hoe groot de Vision Pro batterij is; hij is ongeveer even groot en zwaar als een iPhone Pro Max.

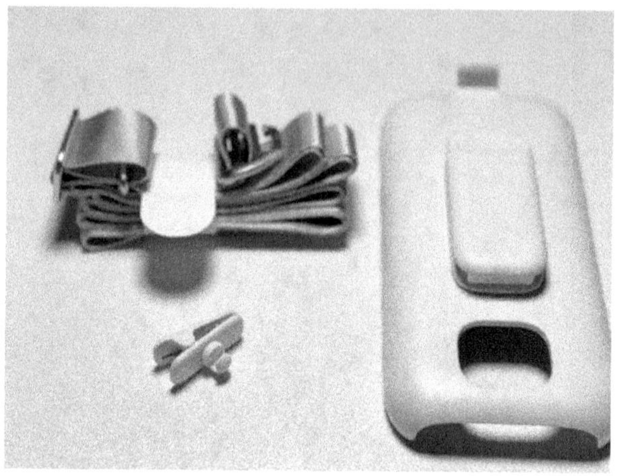

En hier staat hij naast de Vision Pro doos.

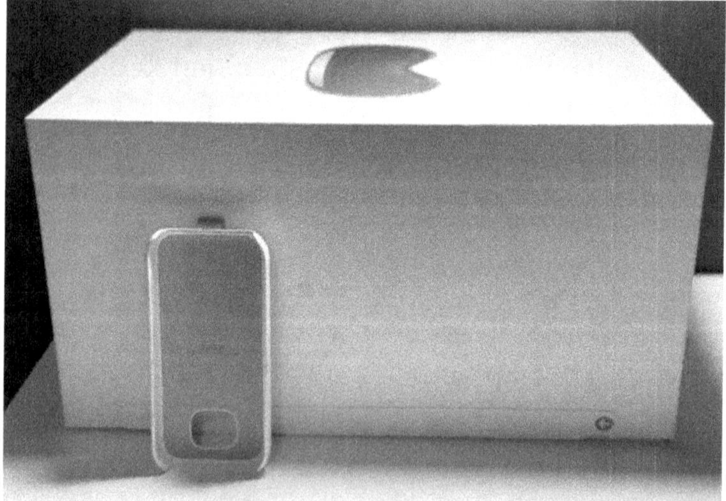

Zodra je de gemakkelijk te verwijderen sticker aan weerszijden van de doos verwijdert, til je de doos op en zie je de Vision Pro in al zijn schoonheid. Sommige mensen hebben opgemerkt dat de doos kan dienen als een mooie standaard. Daar ben ik het mee eens, maar persoonlijk geef ik de voorkeur aan het reisetui, dat het apparaat beschermt als het onverhoopt valt. Je zult ook zien dat er een klepje aan de voorkant zit; gebruik dat wanneer je het apparaat niet gebruikt om het te beschermen tegen stof en krassen.

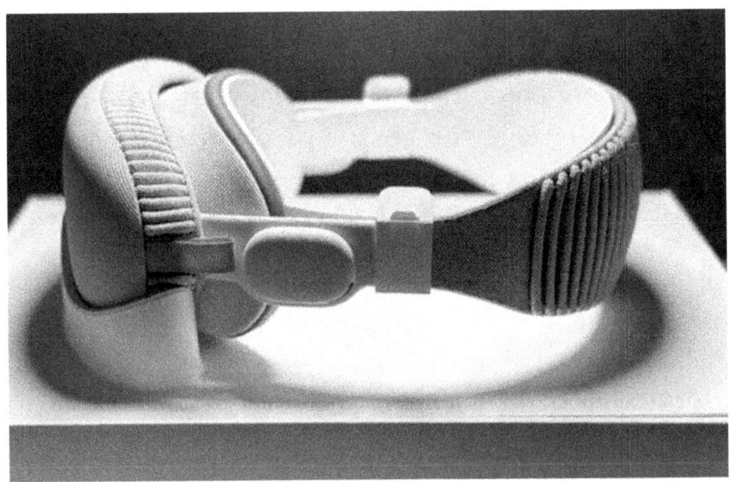

Open de Vision Pro en je vindt de batterij. Er is al veel gezegd over de accu; ik vond hem erg goed gebouwd, niet zo zwaar en gemakkelijk aan je te bevestigen of aan de kant te leggen. Ik merkte niet eens dat hij er was. De batterij wordt opgeladen met een meegeleverde USB-C adapter; je kunt hem opladen terwijl je de Vision Pro gebruikt.

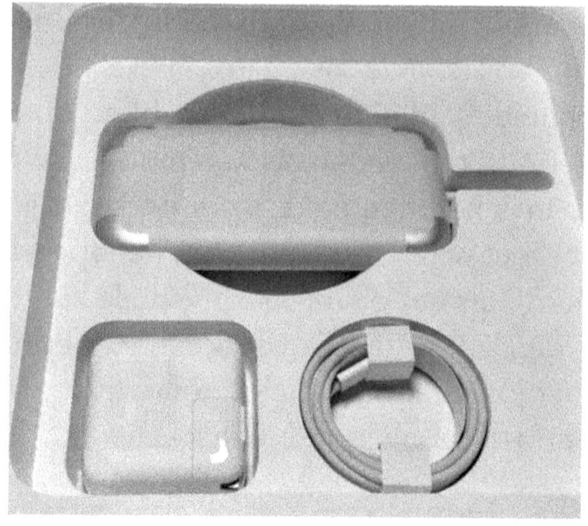

Bovenaan de doos vind je ook het Light Seal-kussen. Er is al een kussen magnetisch bevestigd aan de Vision Pro; deze is iets dikker

. Als je de Zeiss-lensinzetstukken gebruikt, zul je deze waarschijnlijk willen vervangen door deze iets dikkere lensinzetstukken.

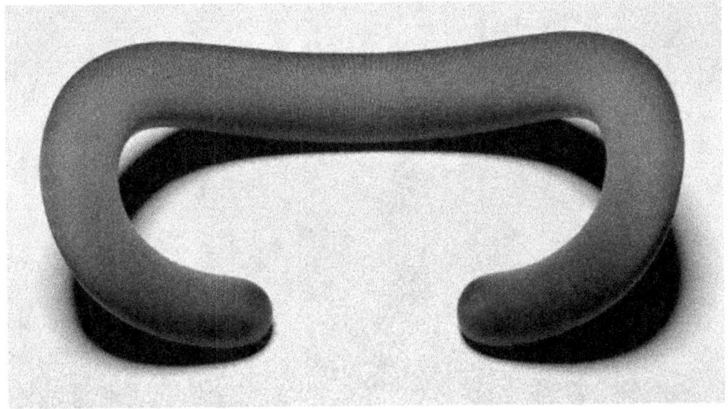

Onder de Light Seal zit een poetsdoek.

Ik raad aan om dit te gebruiken om je Vision Pro te gebruiken in plaats van iets anders.

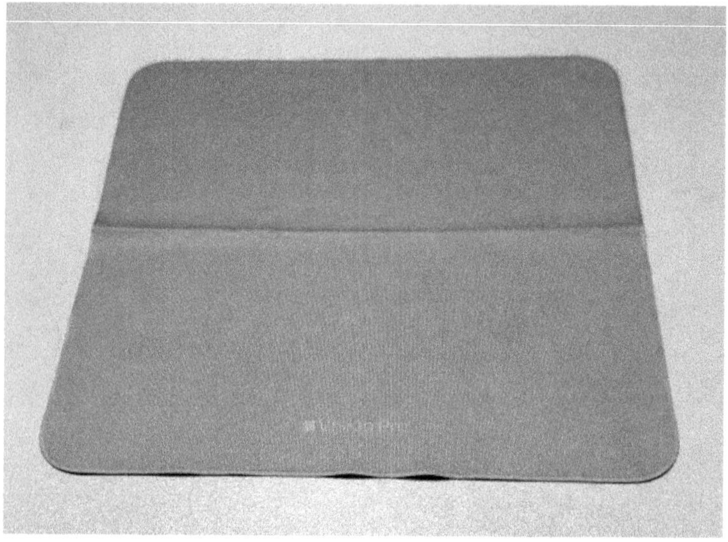

Onder het doek zit de Dual Loop band.

De Dual Loop band helpt het gewicht gelijkmatiger te verdelen en veel mensen verkiezen dit boven de zachtere enkele band.

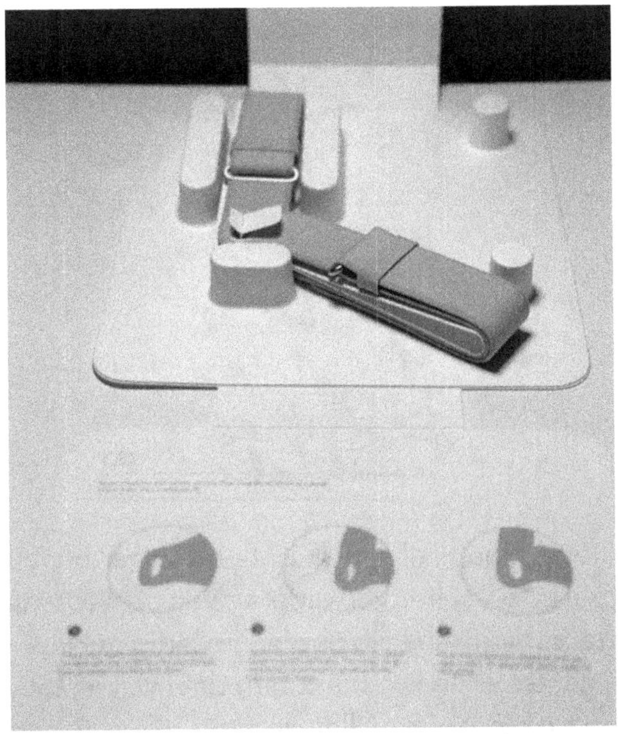

En tot slot heb je iets wat je al heel lang niet meer hebt gezien in een Apple product, iets wat in de meeste producten niet meer wordt meegeleverd: een handleiding om aan de slag te gaan!

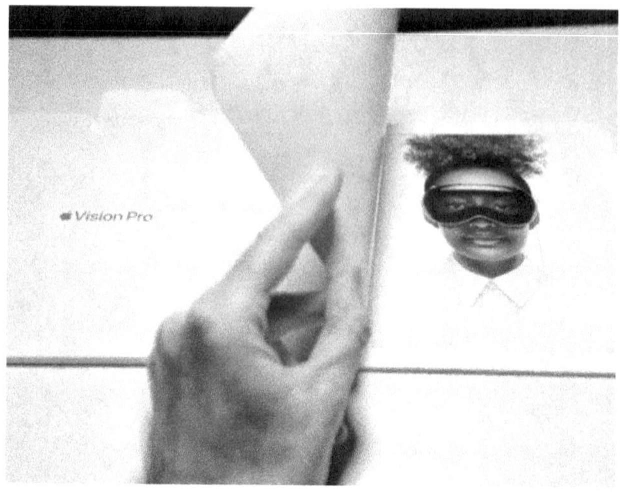

Het is helemaal niet uitgebreid, maar behandelt de basis, zoals het verwijderen van de riemen en de batterij; het is erg dik papier, volledig in kleur en van uitstekende kwaliteit. Een deel van je zou het op je boekenplank willen zetten!

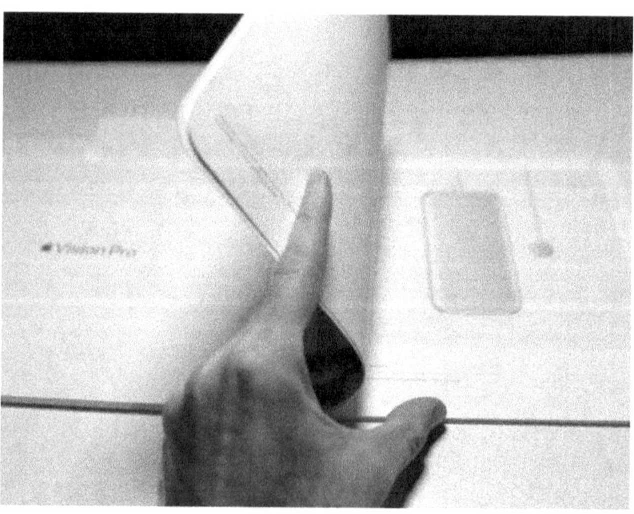

Hieronder staan een paar dingen die niet in de doos zitten, maar die je misschien wel wilt meenemen. Ten eerste de Zeiss lens inserts.

Ook al is dit van een ander bedrijf, de verpakking is heel erg Apple en je kunt zien dat ze nauw hebben samengewerkt met Zeiss voor deze samenwerking.

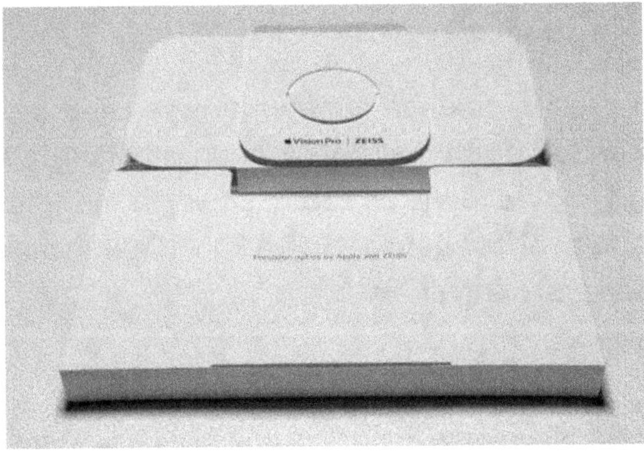

Ik raad aan om de doos te bewaren waar hij in zat; op het moment van schrijven is er geen doosje voor de Zeiss-lensinzetstukken; als andere mensen je Vision Pro gebruiken, moet je de inzetstukken eruit halen en ergens bewaren waar ze niet bekrast raken. Pro gebruiken, moet je de inzetstukken eruit halen en ergens bewaren waar er geen krassen op komen.

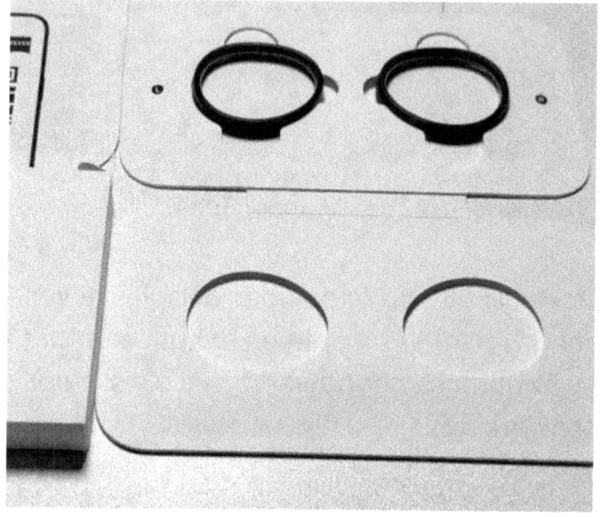

Ik raad je ook aan om een reserve Light Seal-kussen te kopen; dat kost $29 en is handig als iemand anders je Vision Pro. Het wordt magnetisch aan de headset bevestigd en kan in een paar seconden worden verwisseld.

Tot slot is er de Apple Vision Pro reisetui. Het kost €199 en is een van de weinige etuis die er zijn, vanaf deze optie. Het is je beste optie als je reist met de Vision Pro, maar ook een prima optie om je headset in op te bergen als je hem niet gebruikt. Er zijn twee dingen die ik niet prettig vind aan het etui: ten eerste is het een beetje groot, dus als je ermee reist, kun je het niet echt in een rugzak stoppen; ten tweede zijn de ritsen een beetje stug en rits je hem niet zo gemakkelijk open als ik zou willen.

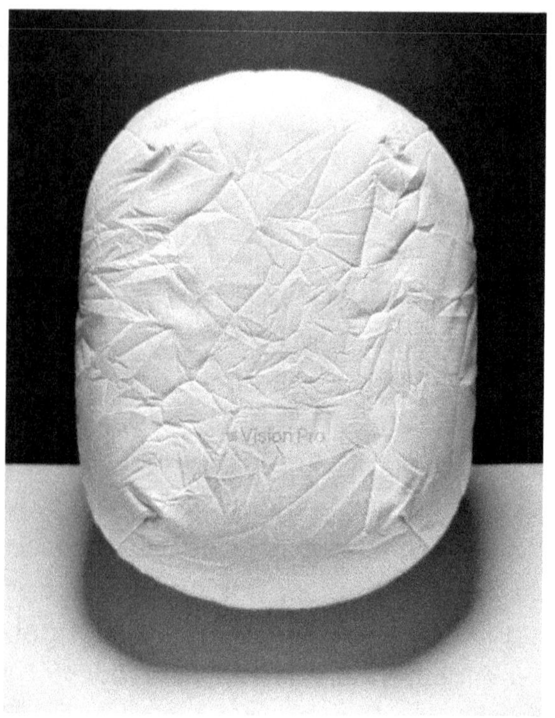

VOORAF GEÏNSTALLEERDE APPS

Als je iets van Apple hebt gebruikt (van Macbooks en iPads tot iPhones), dan kun je op de Vision Pro een heleboel bekende apps. Hieronder vind je de apps die met de Vision Pro zijn geïnstalleerd. Sommige (zoals Capture en Encounter Dinosaurs) zijn exclusief voor de Vision Pro; de meeste zijn de apps die je al kent, maar dan verbeterd voor de Vision Pro.

Apps verbeterd voor de visie Pro:
- App Store
- Ontmoet dinosaurussen

- Bestanden
- Vrije vorm
- Keynote
- Mail
- Berichten
- Mindfulness
- Muziek
- Opmerkingen
- Foto's
- Safari
- Instellingen
- Tips
- TV

Apps geïnstalleerd maar niet geoptimaliseerd voor de Vision Pro:

- Boeken
- Kalender
- Home
- Kaarten
- Nieuws
- Podcasts
- Herinneringen
- Snelkoppelingen
- Aandelen
- Gesproken memo's

Wat betekent geïnstalleerd maar niet geoptimaliseerd? Veel apps die op de Vision Pro staan, zowel van ontwikkelaars als van Apple, zijn gewoon iPad-apps die zijn overgezet naar de Vision Pro. Ze werken prima, maar er is niets speciaals aan.

Dit boek is geschreven toen de Vision Pro uitkwam; verwacht dat Apple later meer apps zal toevoegen.

[2]

AAN DE SLAG

Nu de Vision Pro uit de doos is, kijken we hoe we de Vision Pro voor het eerst kunnen gebruiken.

DE BATTERIJ

Voordat je de Vision Je moet de stekker in het stopcontact steken, want er zit geen batterij in de Vision Pro; in tegenstelling tot een laptop, die je nog een paar uur kunt gebruiken als je hem uit het stopcontact haalt, schakelt de Vision Pro direct uit als je hem eruit haalt.

Om de batterij te bevestigen, lijn je de cirkel op de batterijaansluiting uit met de cirkel aan de zijkant van de Vision Pro (de ongevulde cirkel); als de cirkel eenmaal op één lijn zit, draai je hem om hem op één lijn te brengen met de gevulde cirkel. Om de batterij te verwijderen, volg je deze stappen in omgekeerde volgorde.

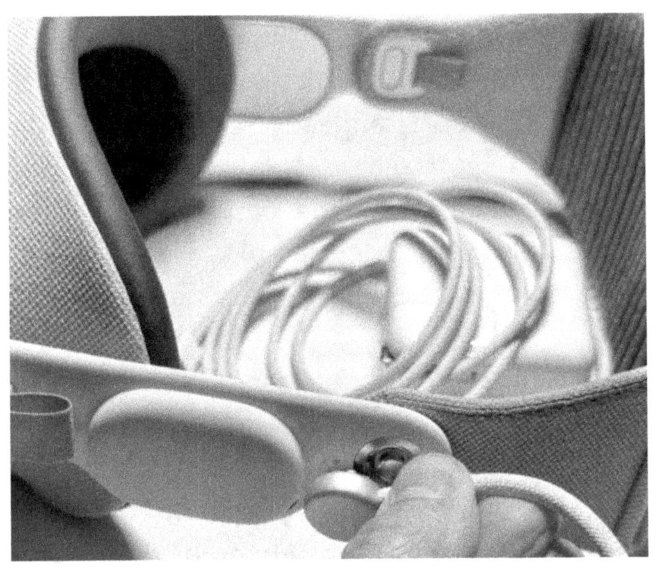

HOE LAAD IK DE APPLE VISION PRO BATTERIJ

De Vision Pro wordt geleverd met een USB-C oplaadkabel en een USB-C voedingsadapter; het wordt aanbevolen om de meegeleverde oplader te gebruiken.

WAT HET BATTERIJLAMPJE BETEKENT

Het batterijlampje heeft verschillende lampjes. Laten we eens kijken wat ze betekenen. Als de oplaadkabel is aangesloten, zijn dit de verschillende lampjes:

- **Groen**: de batterij is vol.

- **Oranje**: de batterij is niet vol, maar wel voldoende opgeladen om Apple Vision Pro.
- **Knippert langzaam oranje**: de batterij is te leeg om je Apple Vision Pro te gebruiken. Laad de batterij 10 minuten op, of totdat het lampje oranje is en niet knippert wanneer je op de batterij tikt.

Als je de batterij hebt losgekoppeld, zie je hier de lampjes:

- **Groen**: de batterij is meer dan halfvol.
- **Oranje**: de batterij is minder dan halfvol.
- **Knippert langzaam oranje**: de batterij is te leeg om je Apple Vision Pro te gebruiken. Laad de batterij 10 minuten op, of totdat het lampje oranje is en niet knippert wanneer je op de batterij tikt.

DE VISION DE RIEMEN AANPASSEN

Dit is een van de belangrijkste dingen om te weten als je met de Vision aan de slag gaat Pro: hij is zwaar en als je hem verkeerd aanpast, zal hij zwaarder aanvoelen. Een deel van een comfortabele ervaring is het goed afstellen van de banden.

Toen ik voor het eerst mensen de headset hoorde beoordelen, bleef ik maar horen over het gewicht en was ik een beetje nerveus; ik wilde dit voor productiviteit en om te werken als ik niet op kantoor was. Hoe ging ik dat doen met een baksteen op mijn hoofd!

Tot mijn opluchting was het iets lichter dan verwacht; nog beter, het aanpassen van de riemen helpt echt.

De Vision Pro wordt geleverd met twee hoofdbanden (en de hoofdbanden zijn er in verschillende maten): de Solo Knit Band en de Dual Loop Band. De Solo Knit Band zit al vast aan je Vision Pro, maar je kunt op elk moment overschakelen op de Dual Loop Band. Je hoeft alleen maar de Solo Knit Band af te doen en de Dual Loop Band erop te klikken.

De meeste mensen zullen waarschijnlijk merken dat het gewicht gelijkmatiger wordt verdeeld met de Dual Loop Band, die over het hoofd gaat, maar mijn advies is om beide een tijdje te proberen.

HET DRAGEN VAN DE VISION PRO MET DE SOLO GEBREIDE BAND

Pak je apparaat met één hand bij het frame en met de andere hand bij de Solo Knit Band. Pak de Vision Pro niet op aan de Light Seal, Straps of voedingskabel; deze kunnen losraken waardoor u de Vision Pro kunt laten vallen.

Plaats het apparaat dicht bij je gezicht en schuif de Solo Knit Band over je achterhoofd. Afhankelijk van je kapsel vind je het misschien makkelijker om eerst de hoofdband om te doen en dan het apparaat over je ogen te trekken.

Zodra u het apparaat aan hebt staan, draait u de Fit Dial met de klok mee om de Solo Knit Band strakker te maken en tegen de klok in om hem losser te maken. U wilt dat de Vision Pro goed moet zitten. Je kunt de achterkant ook hoger of lager zetten om te kijken of het gewicht dan beter verdeeld wordt.

Toen ik de Vision Toen ik de Vision Pro kocht, stond er dat ik de medium maat moest nemen; ik heb uiteindelijk voor de zekerheid ook de small maat genomen en vond de small maat comfortabeler. Dus als je het niet prettig vindt aanvoelen, kan het zijn dat je de verkeerde maat band hebt.

Als je hoofdband te strak zit, kan je huid geïrriteerd raken, voel je je ongemakkelijk of blijven er vlekken achter op je gezicht. De vlekken zullen vrij snel verdwijnen.

Als je hoofdband te los zit of niet in de juiste positie, zie je waarschijnlijk een melding dat het apparaat te hoog of te laag zit. Verplaats het gewoon omhoog of omlaag totdat het goed voelt.

HET DRAGEN VAN VISION PRO MET DE DUBBELE LUS-BAND

Pak het apparaat op en vergeet niet om je Vision Pro bij het frame vast te houden en niet bij de Light Seal, bandjes of kabel.

Plaats het apparaat dicht bij je gezicht en schuif de Dual Loop Band over de achterkant van je hoofd.

Houd Vision Pro naar je gezicht met één hand, zorg ervoor dat het gelijkmatig ondersteund wordt op je voorhoofd en wangen.

Terwijl je Vision Pro tegen je gezicht houdt, trek je met je andere hand eerst de onderste band aan en daarna de bovenste.

VERWIJDEREN DE RIEM

Om de band te verwijderen, houdt u de headset met één hand vast en trekt u met de andere hand het oranje lipje omhoog. Om hem terug te plaatsen, schuift u hem gewoon naar binnen.

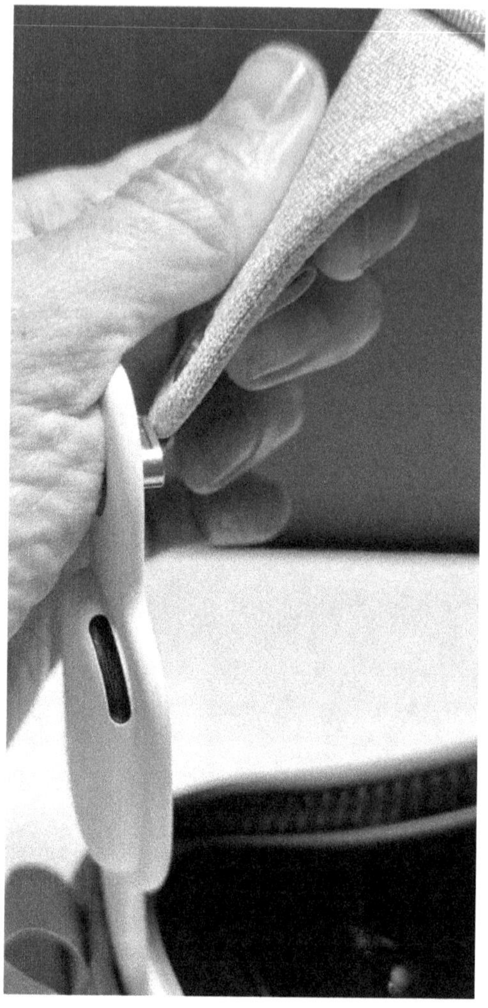

HOE VERWIJDER JE APPLE VISION PRO

Maak de hoofdband losser voordat je hem afdoet. Voor de Solo Knit Band draait u de Fit Dial naar links. Voor de Dual Loop Band trekt u het lipje op de onderste band van uw hoofd weg.

Verwijder het apparaat door het frame vast te houden.

Als je je apparaat neerlegt, zorg dan dat het glas van de cover geen harde oppervlakken raakt, zoals een tafel of aanrecht. Er kunnen krassen op komen. Leg de batterij naast de Vision Pro als je hem niet gebruikt, zodat de voedingskabel niet verstrikt raakt in andere dingen.

Als je klaar bent met Vision Pro klaar bent, doe je de hoes erop om hem veilig te bewaren.

HOE VISION PRO PERFECT PAST

Je wilt zoveel mogelijk dat de Vision Pro evenwichtig aanvoelt op je gezicht. Hij moet goed zitten, maar niet strak.

Als de hoofdband te strak zit, draait u de Fit Dial naar links en trekt u het apparaat bij het frame van uw gezicht weg.

Als je wimpers je Vision Pro raken of als je ogen te ver weg zijn, dan krijg je de melding dat je ogen te dicht bij de schermen zijn; probeer het Light Seal-kussen met een "+" erop te gebruiken dat in je doos zat. Als dat niet werkt, heb je misschien een ander formaat Light Seal nodig.

SCHOONMAKEN

Schoonmaken is een belangrijk onderdeel om je Vision Pro te laten werken zoals bedoeld. Vuile of besmeurde camera's kunnen bijvoorbeeld de werking van de handtracking beïnvloeden.

Ten eerste: gebruik **geen** isopropylalcohol, Windex, Clorox of vergelijkbaar spul om oppervlakken van de Vision Pro. Maak je Vision Pro schoon met een droge doek, een beetje natte doek of, idealiter, het doekje dat bij de Vision Pro is geleverd.

Zorg ervoor dat je Apple Vision Pro Polishing Cloth schoon is en bewaar het in een schone tas. Rugzakken, handtassen, zakken en andere plekken kunnen dingen bevatten die krassen op je apparaat kunnen maken.

DE GLAZEN AFDEKKING REINIGEN

Als de glasplaat vuil wordt, veeg je deze schoon met een schone, droge microvezeldoek, zoals de doek die bij je Apple Vision Pro.

Als je losse dingen op je dekglas ziet, veeg ze dan af met een schone, droge microvezeldoek.

DE OPSTELLING

De Vision Het instellen van Pro is heel eenvoudig; helaas kon ik het niet vastleggen, maar ik zal mijn best doen om de stappen hieronder uit te leggen:

Stap 1

Plaats de hoofdband op je hoofd en draai aan de draaiknop aan de rechterkant van de hoofdband om de pasvorm aan te passen. Het display geeft aan dat u de digitale kroon ingedrukt moet houden en naar de drijvende bril moet kijken om uw zicht aan te passen.

Stap 2

Je hebt een iPhone of iPad nodig om de Vision Pro. De headset vraagt je om je telefoon dicht bij je gezicht te brengen en te ontgrendelen. Je telefoon geeft een QR-code weer die je met de headset moet scannen om verder te gaan.

Stap 3

Handgebaren zijn de eerste manier van interactie met VisionOS, dus de headset moet je handen herkennen. Je wordt gevraagd je armen voor je uit te strekken en je handpalmen aan de headset te laten zien. Vervolgens wordt u gevraagd uw handen om te draaien.

Stap 4

Oogbesturing is de tweede manier van interactie met je omgeving, dus de headset moet bijhouden hoe je ogen bewegen. De headset vraagt je naar een stip te kijken, dan naar zes stippen in een cirkel en tik met je vinger op elke stip. Dan wordt het scherm helderder en doe je de cirkel nog een keer, dan wordt het scherm helderder en doe je het nog een keer.

Stap 5

Je kunt deze stap overslaan als je wilt en het later doen. Ik laat je in het boek zien hoe. De Vision Pro zal je vragen om hem te verwijderen en de Vision Pro op je gezicht te richten. Het display aan de voorkant zal oplichten en je een aantal cirkels met je gezicht erin laten zien. De luidsprekers vragen je naar de headset te kijken en je hoofd naar links, rechts, boven en beneden te kantelen. Daarna registreert het apparaat je gezichtsuitdrukkingen door je te vragen om te glimlachen met je mond dicht, te glimlachen met je tanden, je ogen te sluiten en je wenkbrauwen op te trekken. Deze acht acties zijn genoeg voor de Vision Pro om een zogenaamde Persona te creëren.

Dit was voor mij het meest frustrerende deel van de installatie. De eerste keer dat ik het probeerde, bleef het me vertellen dat ik naar beneden en naar links moest kijken en toen zei het dat de setup mislukt was. De tweede keer probeerde ik het met betere verlichting en toen lukte het wel. Deze functie is nog in bèta.

Stap 6

De Vision Pro gebruikt Optic ID in plaats van Face ID. Dit betekent dat het je ogen scant om je identiteit te bevestigen, zodat je je wachtwoord niet hoeft in te typen. Nadat je je FaceTime hebt ingesteld, vraagt de Vision Pro je naar een symbool te kijken. Na een paar seconden is Optic ID ingesteld. Dat is alles. Als back-up zal de Vision Pro je ook vragen om een zescijferige wachtwoordcode in te stellen (je kunt deze ook op vier cijfers instellen). Je zult de toegangscode moeten gebruiken wanneer de Vision Pro opnieuw opstart.

Als je je wachtwoordcode verliest, moet je de headset naar een Apple Store brengen om deze te herstellen, dus zorg ervoor dat je iets kiest dat je nog weet.

Stap 7

Je bent er bijna. De Vision Pro laat je snel zien hoe je de basisbewegingen en -functies gebruikt, zoals items selecteren, het formaat van vensters aanpassen en snelmenu's openen.

Dat is alles. Je bent er helemaal klaar voor. Het hele proces is heel eenvoudig, maar het duurt ongeveer 10 minuten. Ik heb hier niet laten zien hoe je de Zeiss inzetstukken instelt. Dat kun je tijdens het instellen doen of later. Ik laat het je zien in het boek.

GEBRUIK VAN VISION PRO MET ZEISS-INZETSTUKKEN

Als je je Zeiss-inzetstukken niet hebt toegevoegd tijdens de installatie, kun je dat op elk moment nadat je het apparaat in gebruik hebt genomen snel doen door deze stappen te volgen.

Bevestig de Vision Pro, bevestig je de optische inzetstukken; ze klikken meteen vast. Zorg er alleen voor dat je ze aan de juiste kant vastklikt.

Verwijder de afdekking en zet vervolgens de Vision Pro aan. De Vision Pro detecteert de inlegdelen automatisch en leidt je door het installatieproces; een deel van het proces bestaat uit het scannen van een code die bij je inlegdelen zit, dus zorg ervoor dat je de doos niet weggooit!

Je kunt ook op elk moment nieuwe inzetstukken koppelen door naar Instellingen > Ogen & handen te gaan en vervolgens te tikken op Nieuwe optische inzetstukken instellen.

[3]

NAVIGEREN ROND DE VISIE PRO

Nu je hebt geleerd wat de Vision Pro is (en niet is) en hebt gezien hoe de opstelling is, laten we eens kijken hoe je door het apparaat kunt bewegen.

GEBAREN

Laten we het, voordat we ingaan op het OS zelf, hebben over gebaren.

Gebaren De bewegingen zijn waarschijnlijk het eerste waar je helemaal van ondersteboven raakt als je de Vision Pro gebruikt; ja, het is een prachtig scherm en de apps kunnen verslavend leuk zijn. Maar het is echt hoe geavanceerd de gebaren zijn die onthullen hoeveel techniek er in dit ding zit. Het werkt intuïtief en als je er eenmaal aan gewend bent, gaat het sneller dan met een muis.

Voordat ik inga op de verschillende gebaren, zijn hier een paar dingen om in gedachten te houden:

- Het lijkt misschien een soort magie, maar het zijn eigenlijk alle camera's die ervoor zorgen dat gebaren werken; dat betekent dat je de camera's schoon moet houden en genoeg licht moet hebben zodat de camera's je kunnen zien. Als het moeilijk is om te registreren wat je handen doen, kan het zijn dat je meer licht nodig hebt of dat de camera vies is.
- Je hoeft je arm niet op te tillen als je Apple Vision Pro. Je kunt je hand ontspannen op je bureau of op je schoot houden wanneer je de meeste bewegingen maakt. De eerste keer zullen je handen waarschijnlijk instinctief omhoog gaan, maar onthoud dat dat niet hoeft.
- Zorg ervoor dat Apple Vision Pro je handen kan zien en ze niet verstopt onder een bureau of een deken.
- Als je handschoenen draagt, zal het waarschijnlijk je gebaren niet lezen - als dat wel gebeurt, zal het niet zo nauwkeurig zijn.
- Kruis je handen niet. Het zal niet weten dat je rechts van links bent.

Laten we eens kijken naar de gebaren:

Raak aan

Je kunt sommige dingen in visionOS direct met je vingers aanraken. Wanneer bijvoorbeeld het virtuele toetsenbord van visionOS wordt weergegeven, kun je typen door de toetsen direct met één vinger van elke hand aan te raken.

Tik je vingers tegen elkaar

Om iets te kiezen in Apple Vision Pro te kiezen, kijk je ernaar en tik je je duim en wijsvinger tegen elkaar.

Als je duim en wijsvinger tegen elkaar tikt, lijkt het alsof je ergens op tikt op je iPhone of ergens op klikt op je computer - gebruik dit gebaar om een app te kiezen.

Knijpen om meer opties te zien

Houd iets ingedrukt in Apple Vision Pro om meer opties te zien. Kijk naar iets, tik je duim en wijsvinger tegen elkaar en houd vast. Als je meer opties ziet, laat je los en tik je op de gewenste optie.

Knijpen en slepen

Om dingen te verplaatsen in Apple Vision Pro, kijk je naar iets en knijp je je duim en wijsvinger samen. Houd je duim en vinger bij elkaar terwijl je het verplaatst naar waar je het wilt hebben en laat het dan los. Dit kunnen dingen zijn zoals vensters of menu's.

Knijp en trek met je pols

Om snel door dingen heen te gaan of te scrollen, knijp je je duim en wijsvinger samen, beweeg je je pols omhoog of omlaag en laat dan los in één vloeiende beweging.

KNOPPEN

De Vision Pro heeft twee knoppen:
1. **De digitale kroon** regelt de hoeveelheid van de omgeving die wordt weergegeven en brengt de Home-knop omhoog
2. **De knop Top**, waarmee je foto's maakt, zit aan de linkerkant van de headset.

De knoppen kunnen ook worden gebruikt voor andere snelkoppelingen, zoals je hieronder kunt zien.

SCHERMAFBEELDINGEN

Ik laat je zien hoe je een schermopname maakt in het gedeelte over het Control CenterAls je een stilstaande schermafbeelding van je scherm wilt maken, druk je tegelijkertijd op de knop Digital Crown en de knop Boven tegelijkertijd in. Je hoort een camerageluid en de schermafbeelding wordt opgeslagen in je bibliotheek.

CRASH MET GEWELD APP

Als een app niet reageert Houd de knop Boven en de digitale kroon tegelijkertijd ingedrukt tot er een venster verschijnt met de vraag wat je geforceerd wilt sluiten.

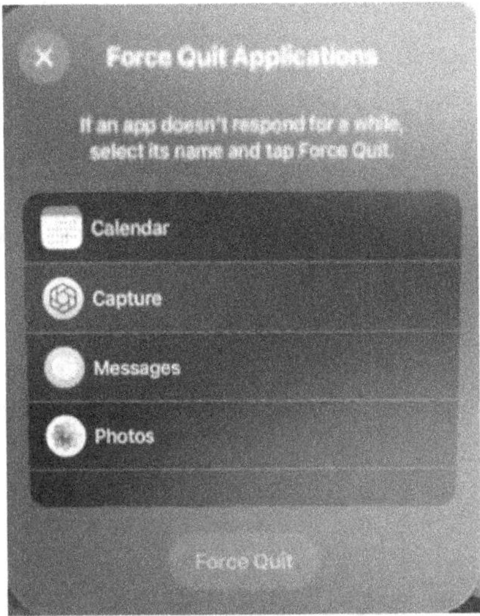

POWER VISION PRO UIT

Er zit geen aan/uit-knop op de Vision Pro, maar je kunt hem toch uitschakelen. Doe dezelfde stappen als hierboven (houd de digitale kroon en bovenste knop), maar houd deze langer ingedrukt. Er verschijnt een melding om de Vision Pro uit te schakelen.

OPNIEUW KALIBREREN VOLGEN

Als u uw vision tracking opnieuw wilt kalibreren, drukt u 5 keer op de knop Boven.

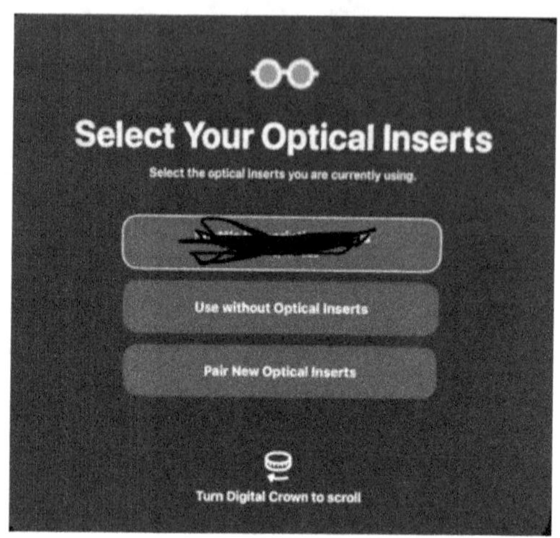

BEGELEIDE TOEGANG

Begeleide toegang is een toegankelijkheidsfunctie die je kunt inschakelen door drie keer op de digitale kroon te drukken. Met begeleide toegang kun je je Vision Pro beperken tot één app en kiezen wat je in die app kunt doen. Zo word je niet afgeleid door andere dingen.

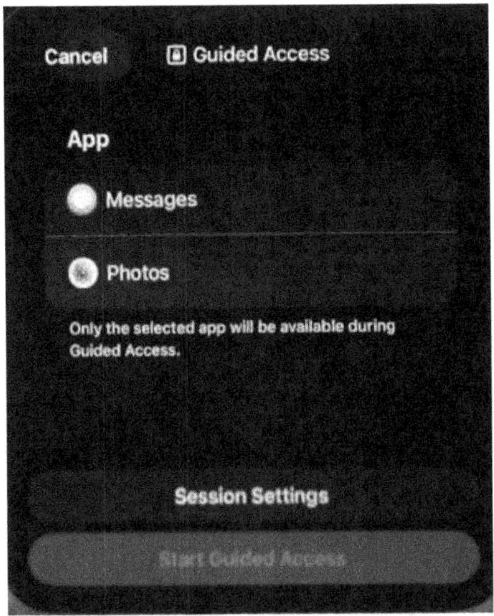

TYPEN

Er zijn een paar manieren om op de Vision te typen Pro:

1. Met het virtuele toetsenbord - dit werkt op twee manieren: één, je kijkt naar een letter en knijpt om deze te selecteren; of twee, je typt met één hand door op de letter te drukken. Dit werkt vrij goed, maar het is zeker de langzamere van de twee methoden.

2. Spreek naar tekst - Dit zal voor de meeste mensen de snelste manier zijn. Wanneer het toetsenbord verschijnt, selecteer je gewoon de microfoon en zeg je wat je wilt dat er in de tekst komt te staan.

3. Gebruik een Bluetooth toetsenbord - dit is verreweg de beste en snelste methode, maar

dat betekent ook dat je een toetsenbord mee moet nemen als je op reis bent.

VENSTERS VERPLAATSEN, FORMAAT WIJZIGEN EN SLUITEN

Er is nog één laatste ding dat we moeten bespreken voordat we naar een overzicht van het OS gaan: Apps verkleinen, verplaatsen en sluiten.

FORMAAT VAN VENSTERS WIJZIGEN

Als je in de hoek van een venster kijkt, zie je een gebogen lijn op de rand van het venster. Je kunt in je vingers knijpen en ze naar binnen of buiten bewegen om het formaat van het venster aan te passen.

APPS VERPLAATSEN EN SLUITEN

Om een app te verplaatsen gebruik je de lijn aan de onderkant van elk venster. Om de app te sluiten, tik je op de cirkel naast die lijn (die verandert in een X als je er met de muis overheen gaat.

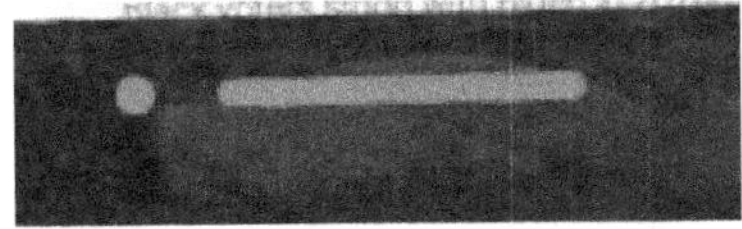

Als je in een meeslepende omgeving bent, zoek dan naar terugknoppen - meestal in de linker-bovenhoek. Als al het andere faalt, gebruik dan de snelkoppeling Forceer sluiten (houd de knop Boven en de digitale kroon tegelijkertijd ingedrukt)

HOOFDSTARTSCHERM EN NAVIGATIE

Laten we beginnen met het leren kennen van het OS achter de headset. Ik zal mijn best doen om schermafbeeldingen te maken die netjes en gelijk-matig zijn, maar door de aard van het apparaat zijn de dingen niet altijd zo duidelijk als schermaf-beeldingen op iOS en iPadOS. Dat komt omdat Vi-sion Pro focust op waar je naar kijkt-je merkt het niet door hoe onze ogen werken, maar je ziet het wel als je schermafbeeldingen maakt. Laat je dus niet misleiden door de afbeeldingen - ze zijn veel scherper als ze op je ogen gericht zijn.

De eerste keer dat je klaar bent met instellen, zie je drie rijen met apps. Dit is je startscherm. Het lijkt erg op een iPad / iPhone, nietwaar? Je zult veel overeenkomsten vinden tussen visionOS en iOS, iPadOS en zelfs macOS en watchOS.

Een paar dingen die je moet weten over het beginscherm:

- De eerste groep apps zijn de apps die door Apple zijn gemaakt.
- Apps zijn alfabetisch gerangschikt (met uitzondering van de door Apple gemaakte apps, die altijd als eerste worden weergegeven).
- Apps kunnen niet worden gerangschikt of gegroepeerd (behalve de map voor "compatibele apps" die apps zijn die zijn overgekomen van iOS of iPadOS.

Deze beperkingen zijn geen deal-breaker, maar ze zijn vervelend en het zal niet lang duren voordat je tegen jezelf gaat klagen dat je het anders zou willen. Waarschijnlijk zal een toekomstige update hier iets aan doen.

Dit is het andere ding dat je moet weten over het Home-menu: als je op de digitale kroon drukt, wordt het Home-scherm in de juiste stand gezet.

Dus als je je omdraait en het startscherm op de nieuwe plek wilt, druk je gewoon op de digitale kroon.

Aan de linkerkant staat het Home-menu. Er zijn daar drie dingen: Apps, Mensen en Omgevingen.

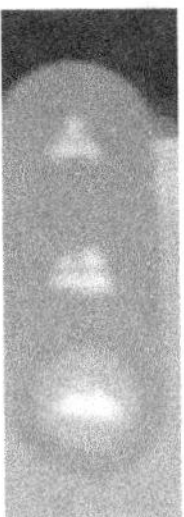

Apps is het menu dat hierboven is weergegeven. People zijn je favoriete contacten. Je kunt de + ge-bruiken om iemand toe te voegen of te vinden - dit is ook de manier waarop je een FaceTime gesprek voert. Open het contact en tik op FaceTime.

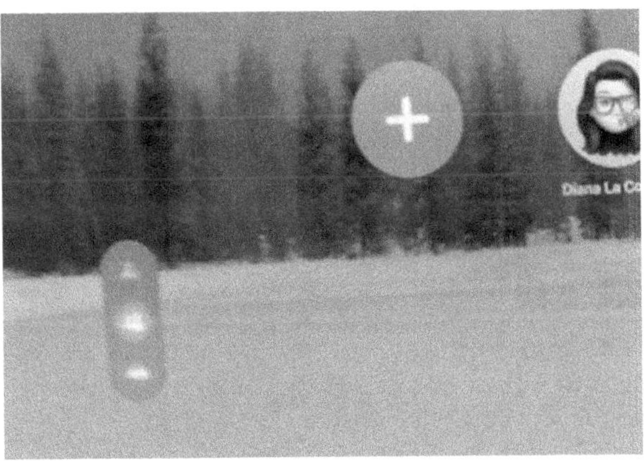

Omgevingen is naar mijn mening een van de coolste functies van de headset. Hiermee kun je je omgeving veranderen in een meeslepende omgeving. Zo kun je het gevoel hebben dat je aan het werk bent op het strand of in de bergen. Het voelt echt levensecht aan.

BESCHIKBARE OMGEVINGEN

Hieronder staat een lijst met alle beschikbare omgevingen en binnenkort volgen er meer:

- Haleakalā
- Yosemite
- Joshua boom
- Mount Hood
- De maan
- Strand
- Wit zand
- Winterlicht
- Herfst Licht

- Zomerlicht

- Lente Licht

VERWIJDEREN APPS

Je kunt een app verwijderen door de app die je wilt verwijderen ingedrukt te houden. De app wordt dan verwijderd van de Vision Pro, maar de app kan nog steeds kosteloos opnieuw worden gedownload uit de app store.

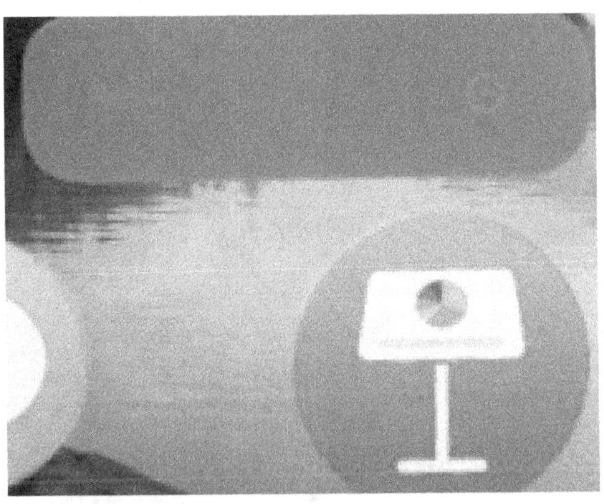

DE DIGITALE KROON GEBRUIKEN

Wanneer je een omgeving selecteert, kun je met de digitale kroon gebruiken om aan te passen hoe meeslepend het is. Hoe meer je draait, hoe meeslepender het is. Helemaal terugdraaien schakelt het uit. Als je hem helemaal aanzet, vult de omgeving alles - kijk omhoog, omlaag, naar links en naar rechts en je ziet hem. En nog cooler: als je het helemaal aanzet, hoor je zelfs hoe het klinkt.

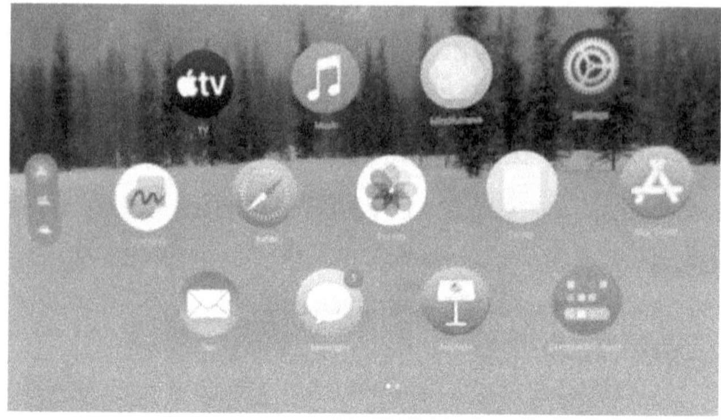

Afhankelijk van het tijdstip van de dag zal je omgeving ook licht of donker zijn; je kunt dat aan-passen in Control Centerwat ik hierna zal behande-len.

Het gekke van deze meeslepende omgevingen is dat wanneer iemand tegen je praat, het beeld automatisch vervaagt zodat je ze kunt zien! (Dat is een instelling die je kunt uitschakelen) Je kunt ze weer verwijderen door de draaiknop opnieuw te draaien.

CONTROLECENTRUM

Controlecentrum is op elk moment toegankelijk door omhoog te kijken. Je ziet een heel klein vakje, zo klein dat je het misschien wel mist! Tik erop om te beginnen.

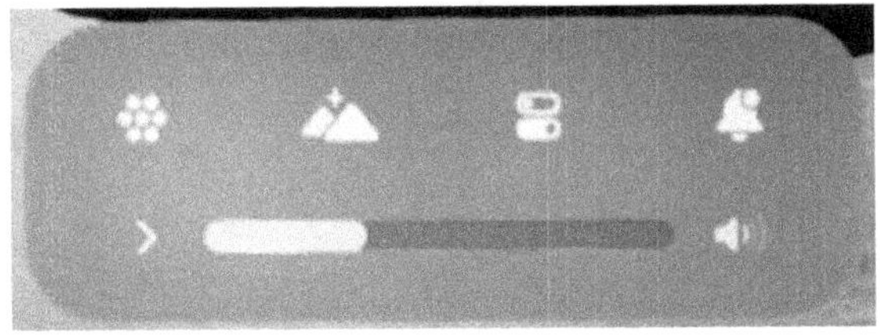

Hierdoor verschijnt een venster met vier pictogrammen en een volumeregelaar. Het eerste pictogram brengt je terug naar het beginscherm. Het tweede pictogram is voor omgevingen. Dit brengt je naar het menu om je omgevingen te wijzigen-als je bijvoorbeeld een donkere of automatische modus wilt.

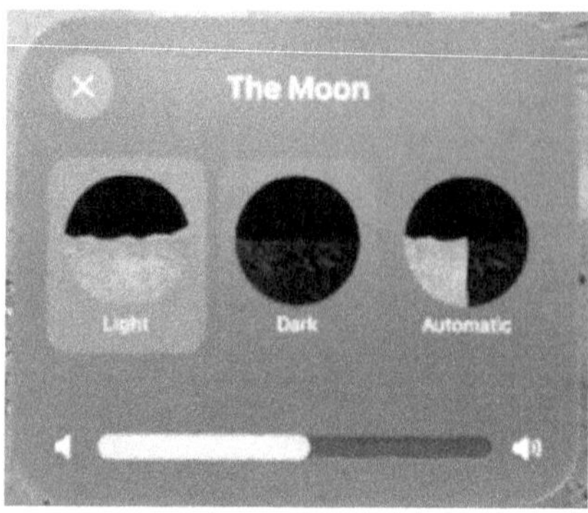

De laatste optie (we komen zo terug op de derde) is het Meldingencentrum; die van mij is leeg, maar als ik die had, zouden ze hier verschijnen.

En ten slotte brengt het derde pictogram Control Center naar boven. Net als op de iPhone of iPad vind je in Control Center al je sneltoetsen.

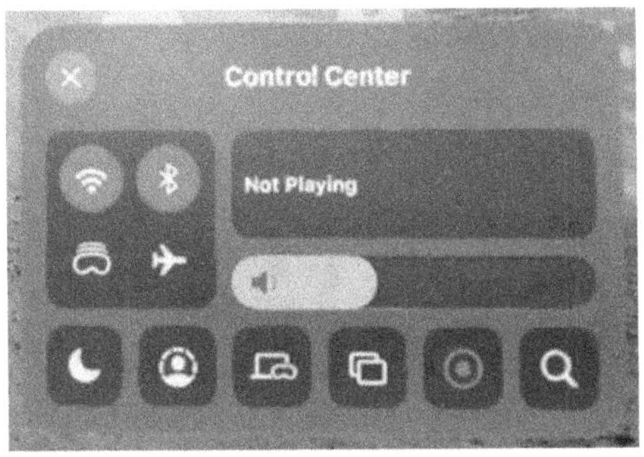

Met de eerste vier pictogrammen kun je dingen in- en uitschakelen. Je weet waarschijnlijk wel dat de eerste is om Wi-Fi uit te schakelen en degene ernaast schakelt Bluetooth uiten je bent waarschijnlijk bekend met het vliegtuigje, dat staat voor de vliegtuigmodus. modus. Maar wat is er aan de hand met dat pictogram dat lijkt op de Vision Pro lijkt? Dat is de reismodus. Die is gemaakt voor als je *vliegt*. Met de nadruk op vliegen, want dit is niet voor als je aan het autorijden bent of iets anders-Apple geeft aan dat het alleen is voor als je vliegt; ze zeggen ook dat je het niet moet gebruiken tijdens turbulentie. In de reismodus stabiliseert de Vision Pro je ervaring.

Now playing laat zien wat er momenteel wordt afgespeeld op je Vision Pro; met de volumeregelaar eronder bepaal je hoe luid of zacht het is.

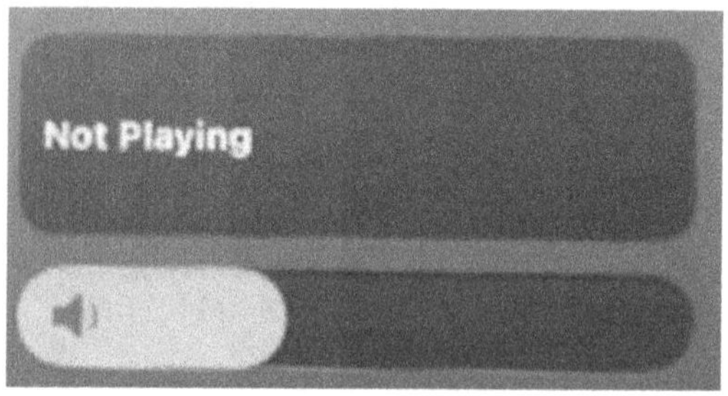

Laten we nu eens kijken naar de onderste zes pictogrammen. De eerste zet hem in een andere focusmodus. Hiermee worden meldingen voor een bepaalde tijd onderbroken.

Het tweede pictogram is de gastmodus. Je zult hier waarschijnlijk veel verzoeken voor krijgen. Dit is voor als iemand zegt, "Hé! Is dat een Vision Pro? Mag ik het proberen?!"

Als je op Gastmodus drukt, krijg je de vraag wat de persoon kan zien. De gastmodus is niet hetzelfde als het overhandigen van een iPad met al je functies ingeschakeld. Met de gastmodus kun je beslissen wat een gebruiker wel en niet kan zien.

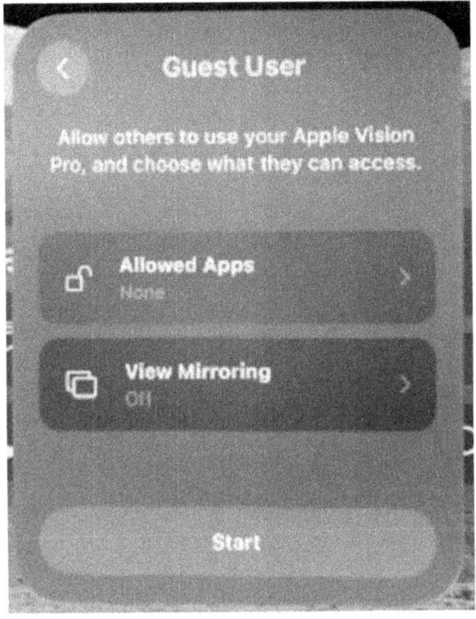

Bij Toegestane appskunt u beslissen of de gebruiker alles ziet of alleen de apps die u voor hem hebt geopend.

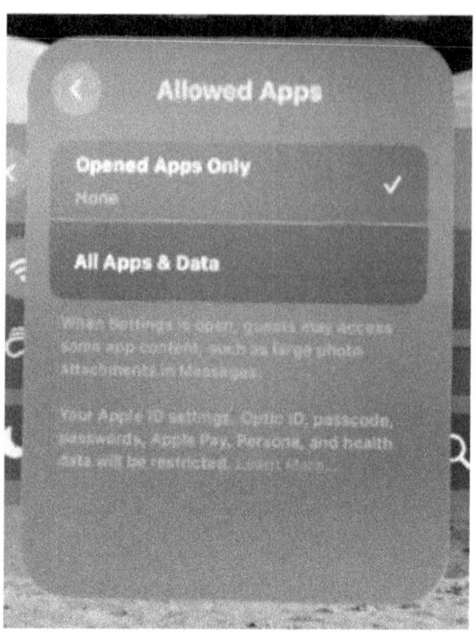

Zodra je op de startknop drukt, heeft de persoon vijf minuten om zijn sessie te beginnen; hij moet een instelproces doorlopen dat een paar minuten duurt (en nee, helaas kan dit niet worden opgeslagen.

Er is nog een andere coole functie die je moet overwegen voordat je hem overhandigt: Beeld spiegelen. Als je dit selecteert, kun je de Vision Pro spiegelen naar een compatibele iPad of Mac, zodat je kunt zien wat ze doen en ze kunt helpen als ze vastlopen.

Op het volgende pictogram zal ik later in het boek wat dieper ingaan, maar dit is om een Mac naar je Vision Pro.

Zorg ervoor dat het dichtbij is en op hetzelfde netwerk zit.

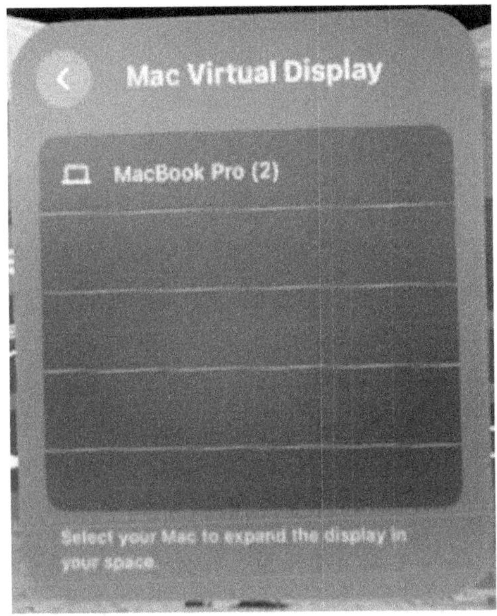

Met het volgende pictogram kun je je Vision Pro spiegelen naar een compatibel AirPlay apparaat zodat anderen kunnen zien wat jij ziet.

Eerder in dit hoofdstuk heb ik verteld hoe je een schermafdruk kunt maken. Met deze optie kun je een schermopname maken.

De laatste optie ten slotte is Zoeken, waarmee je snel apps en documenten op je Vision Pro.

Nu ken je de basisprincipes van Vision Pro. Het werkt echt intuïtief, dus je zult verbaasd zijn hoeveel je al weet zonder het te weten. Vervolgens bekijken we de belangrijkste apps op de Vision Pro.

VERBINDING MAKEN MET EEN MAC

Verbinding maken met een Mac kan op twee manieren; de eerste is via het Control Center (hierboven vermeld); de tweede en snellere manier is door naar je Mac te kijken.

Dat lees je goed! Kijk maar naar je Mac en Vision Pro weet wat je bedoelt. Boven het beeldscherm van je Mac staat de optie om verbinding te maken.

Meestal werkte dit vrij goed. Maar er waren momenten dat het niet verscheen; en dan ging ik naar Control Center en het verscheen niet.

Het is geen verloren zaak. Als ik naar mijn Control Center op mijn Macbook en op Screen Mirroring klikteverscheen mijn Visio Pro.

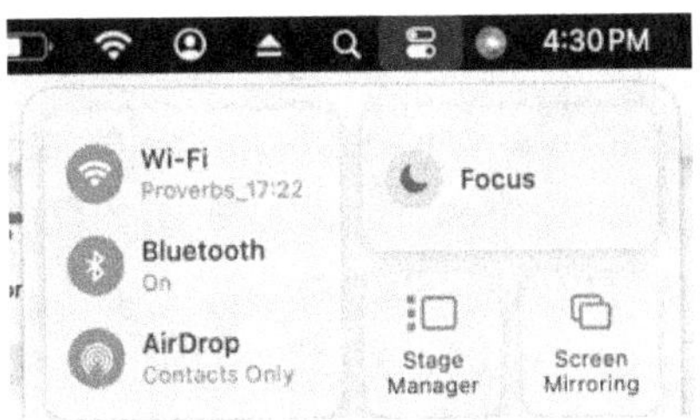

Zodra ik daarop klikte, verscheen het binnen enkele seconden op mijn scherm. Het was dus niet altijd perfect, maar toen het er eenmaal was, werkte het precies zoals ik had gehoopt - in prachtig 4K.

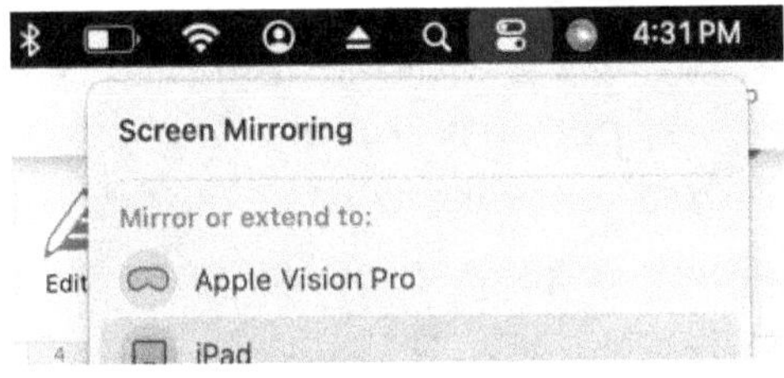

Vision Pro is een innovatief apparaat dat misschien ooit onze computers en zelfs kantoren zal vervangen, maar het heeft nog steeds enkele beperkingen. Hier zijn een paar dingen om in gedachten te houden - en hopelijk worden deze in de loop van de tijd verbeterd:

- Je kunt maar één Mac tegelijk aansluiten. Ik heb er een voor thuis en een voor op het werk en het zou handig zijn om ze samen in dezelfde ruimte te hebben.

- Je krijgt maar één monitor. Je kunt meerdere vensters maken, maar ze staan allemaal op hetzelfde scherm. Ja, je scherm is enorm, maar je wilt misschien nog steeds dingen van je computer naar je omgeving slepen.
- Als je het toetsenbord en de muis van je Mac niet gebruikt, kan het lastig zijn om te navigeren. Ik verberg mijn dock en ik kon geen manier vinden om het te openen zonder het trackpad te gebruiken.
- Je werkruimte wordt niet opgeslagen wanneer je je Vision Pro. Ik heb alles netjes georganiseerd-klok hier, Teams hier, Slack aan de andere kant; en toen heb ik het apparaat voor die dag uitgezet. Toen ik het weer aanzette, moest ik alles opnieuw organiseren. Dit gebeurt niet als je het apparaat op stand-by zet.
- Bij het scrollen had ik soms last van een vertraging: het scrollen ging te langzaam.

Je moet niet vergeten dat dit een Day One-product is. Het zal steeds beter worden. Ik merkte dat sommige taken in Vision Pro me productiever maakten. Voor andere taken, zoals schrijven, gaf ik er nog steeds de voorkeur aan het niet te gebruiken.

Dat gezegd hebbende, is er één ding waar ik minder last van had: nekbelasting. Ik gebruik mijn laptop graag op mijn schoot, wat betekent dat ik veel naar beneden kijk. Met de Vision Pro was mijn nek beter uitgelijnd, ook al zat ik in een ontspannen houding. Sommige mensen klagen over het gewicht, maar persoonlijk merk ik daar nauwelijks iets van en ik heb er geen problemen mee om hem langere tijd te gebruiken.

Ik heb ook de Meta Quest 3 gebruikt voor mijn werk. Ik kan niet hetzelfde zeggen over die ervaring. Het was een gedoe om mijn Mac aan te sluiten, het beeld was niet duidelijk en ik had het gevoel dat ik minder gedaan kreeg.

[4]

DE APPS

Op dag één had de Vision Pro ongeveer 600 apps die alleen voor visionOS zijn gemaakt; dat klinkt als veel, maar als je bedenkt dat iPad er meer dan een miljoen heeft, lijkt dat aantal ineens kleiner. Maar hier is het goede nieuws: ten eerste, en dat is het belangrijkste, zijn de meeste iPad apps compatibel met visionOS, en zolang de ontwikkelaar het niet heeft uitgeschakeld, zullen ze in de winkel staan (de reden dat je apps als Netflix, Spotify en YouTube niet ziet, is niet omdat ze niet compatibel zijn, maar omdat ze door de bedrijven zijn uitgeschakeld).

Het andere goede nieuws is dat ontwikkelaars erg enthousiast lijken te zijn over het ontwikkelen voor de Vision Pro te ontwikkelen en de grenzen van de mogelijkheden op te zoeken.

Tot slot zijn de apps die al op de Vision Pro staan, zijn goed. Dit boek gaat over de apps die Apple heeft geïnstalleerd, maar er zijn er nog veel meer in de app store waar je uit kunt kiezen.

APPLE TV

Apple TV is het eerste pictogram dat je ziet in je Home-menu; het zal waarschijnlijk een van je favorieten zijn omdat hier de meeste 3D-films staan. Het heeft ook de beste kijkervaring. Met Disney+ kun je de omgeving veranderen, maar met Apple TV laat je de stoelpositie veranderen.

Het Apple TV menu aan de linkerkant is onderverdeeld in zeven opties:

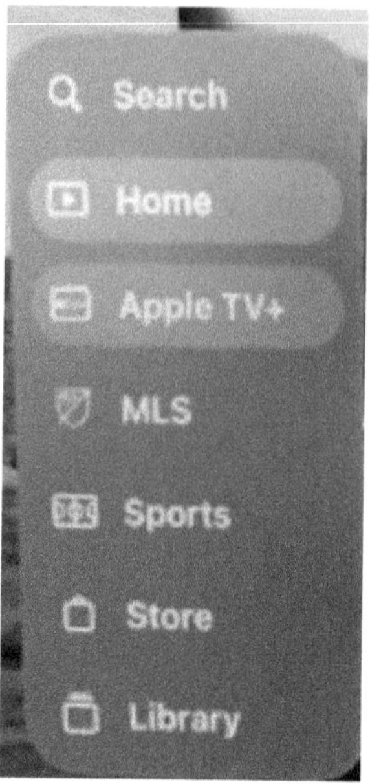

* **Zoeken** - Met de eerste optie kun je zoeken naar al je media-inhoud - je kunt ook zoeken naar genres of zelfs formaten (zoals 3D).

* **Home** - Het belangrijkste Home-gedeelte van de app is een poging van Apple om

het kijken naar media makkelijker te maken; onder promo's voor inhoud zie je Up Next, wat aanbevelingen zijn voor wat ze denken dat je de volgende keer gaat kijken op basis van wat je in het verleden hebt gekeken. Als er dus een nieuwe tv-show is waarvan bekend is dat je die kijkt, dan zie je die hier. En niet alleen een tv-programma op Apple TV-het kan op Peacock, Max of bijna overal anders zijn.

- **Apple TV+** - Dit is waar Apple veel geld aan uitgeeft. Het is naar mijn mening ondergewaardeerd; het heeft misschien niet zoveel als Netflix of Disney+, maar het materiaal dat er is, is goed - een aantal van de beste dingen op tv.. Als je shows als *For All Mankind nog nooit* hebt geprobeerd, dan is dit het perfecte moment - en het is een show die gemaakt is voor dit soort kijkplezier.

- **MLS** - Apple heeft een contract met MLS en het materiaal wordt hier weergegeven.

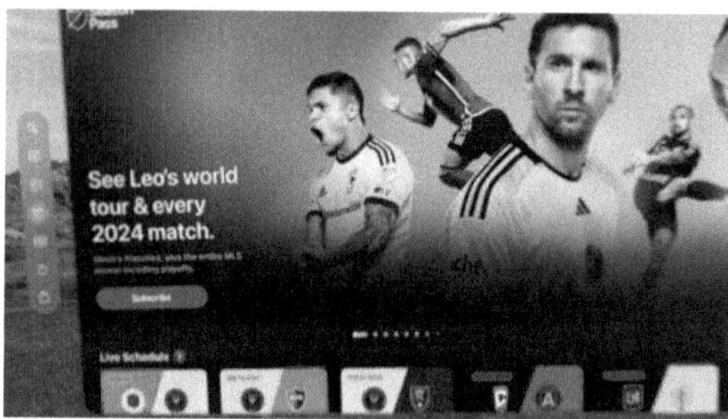

- **Sport** - Apple heeft gewerkt aan verschillende sportlicenties die hier te zien zullen zijn.

- **Store** - Apple heeft eerder films en tv-programma's verkocht programma's verkocht via de iTunes app; die ging een paar maanden voordat Vision Pro werd gelanceerd. Nu is alles wat je wilt kopen te vinden in de Apple TV app.

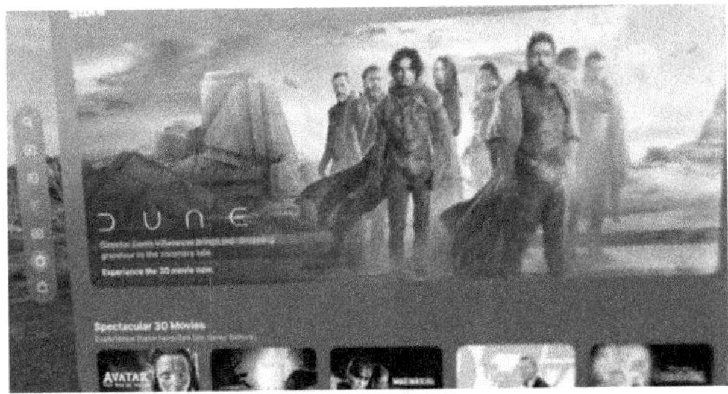

- **Bibliotheek** - Telkens wanneer je iets koopt (of iets dat je in het verleden hebt gekocht) verschijnt hier. Een van de beste dingen: inhoud die je in het verleden hebt gekocht en die beschikbaar is in 3D, is gratis voor jou; dus als je Avatar een paar jaar geleden in het normale formaat hebt gekocht, is het nu geüpgraded naar 3D.

FILMS BEKIJKEN

In dit gedeelte laat ik je zien hoe de Apple TV weergave-interface eruitziet; helaas wordt er geen film getoond vanwege copyright.

Aan de bovenkant van het scherm staat het pictogram Terug (om een film af te sluiten), het pictogram Milieu en het pictogram Volume. Onderaan zie je 10 seconden vooruit, pauze, 10 seconden terug en extra opties.

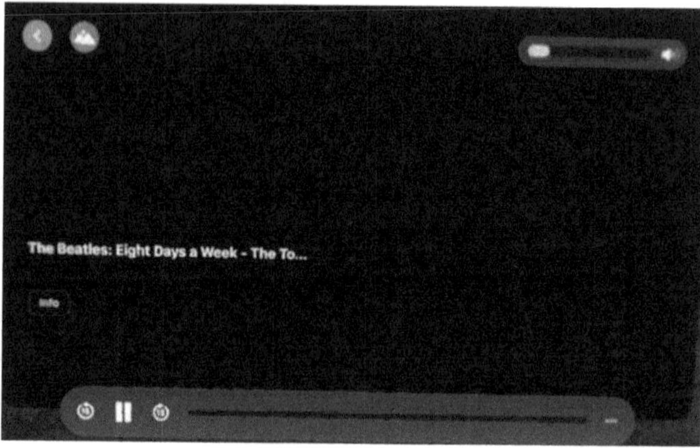

De extra opties zijn voor Afspeelsnelheid, Talen, Ondertitels en Automatisch dimmen (als je een film kijkt terwijl je werkt, kun je het vinkje weghalen).

Als je op Omgevingen kliktkun je kiezen of je in je omgeving wilt blijven of dat je dingen wilt verplaatsen naar een bioscoop. In de bioscoopomgeving wordt het pas echt cool.

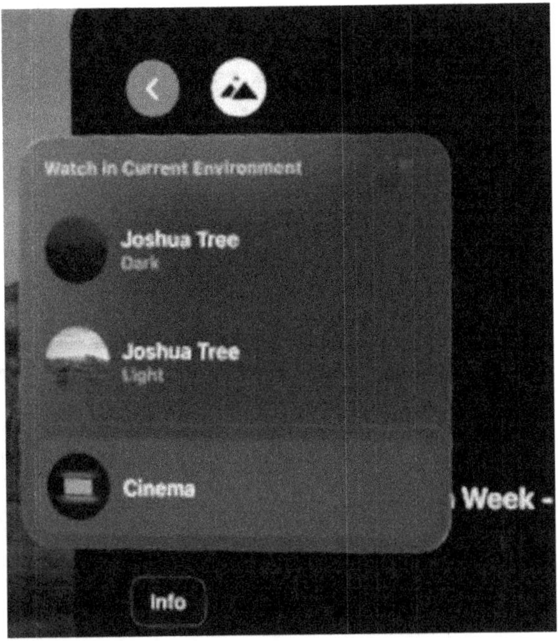

Als je Cinema selecteert, kun je de rij selecteren waarin je wilt zitten (voor, midden, achter) en hoe hoog je zit (vloer of balkon).

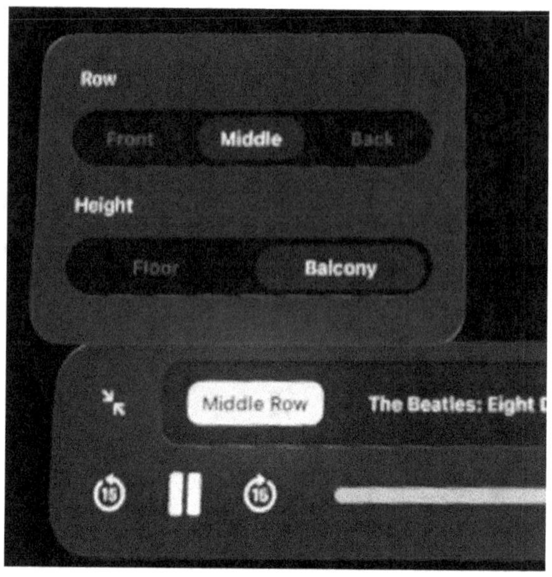

MUZIEK

Er is dan wel (nog) geen Spotify-app op de Vision Pro (nog) niet, maar Apple heeft zijn eigen concurrerende app toegevoegd en als je al in het Apple ecosysteem hebt geïnvesteerd, moet je die zeker bekijken; persoonlijk heb ik thuis de Apple One service met Apple MusicTVArcadeNieuwsHet is een geweldige service als je van Apple houdt.

Apple Muziek begint momenteel bij € 10,99 (€ 5,99 voor studenten); Apple One begint momenteel bij € 19,95; elke dienst gaat in prijs omhoog, afhankelijk van wat je krijgt - bijvoorbeeld familie of niet-familie, of als je iets wilt zoals Fitness+ (dat op dit moment helaas nog niet is inbegrepen als Vision Pro-app is inbegrepen).

Laten we eens kijken hoe Apple Music eruitziet op de Vision Pro.

Visie Pro-apps hebben een vrij standaard ontwerppatroon waarbij menu's aan de linkerkant staan. Dus wanneer je menu's wilt bekijken, begin je aan de linkerkant.

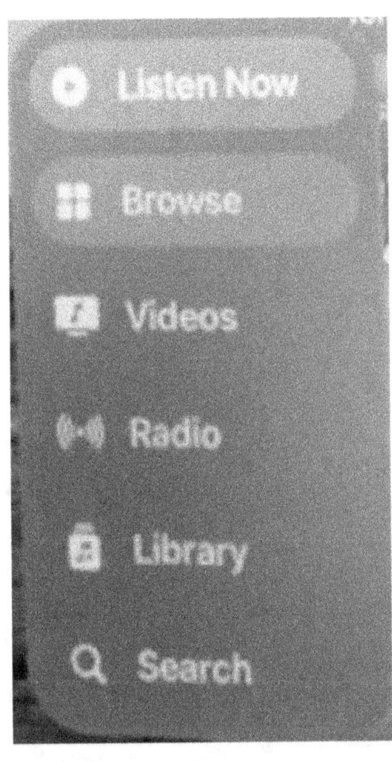

De menubalk op de Vision Pro lijkt veel op de opties die beschikbaar zijn op iPad en iPhone - dit is iets wat je veel zult horen in dit boek, omdat Apple opzettelijk heeft geprobeerd om de ervaring zo vergelijkbaar mogelijk te maken, waardoor het opmerkelijk eenvoudig is om op te pakken als je al bekend bent met iOS of iPadOS.

De opties in het menu zijn:

- **Luister Nu** - dit is het hoofdgedeelte en is als de startpagina voor aanbevelingen en onlangs afgespeelde muziek.

- **Bladeren** - Hiermee kun je muziek in verschillende categorieën/genres en aanbevelingen bekijken; als je muziek wilt horen in Spatial audio (een indeling die gebruikmaakt van de luidsprekers van de Vision Pro's luidsprekers), dan vind je die hier.

- **Videos** - Deze ruimte is gewijd aan muziekvideo's.

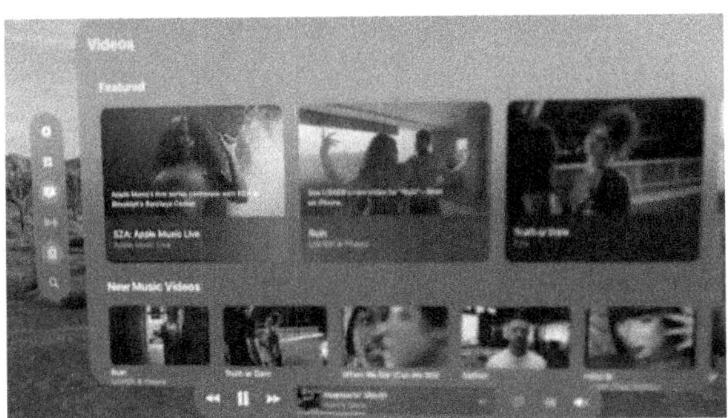

- **Radio** - Als je niet weet waar je naar op zoek bent, vind je in het gedeelte Radio verschillende gratis commerciële zenders in verschillende genres die door Apple zijn samengesteld.

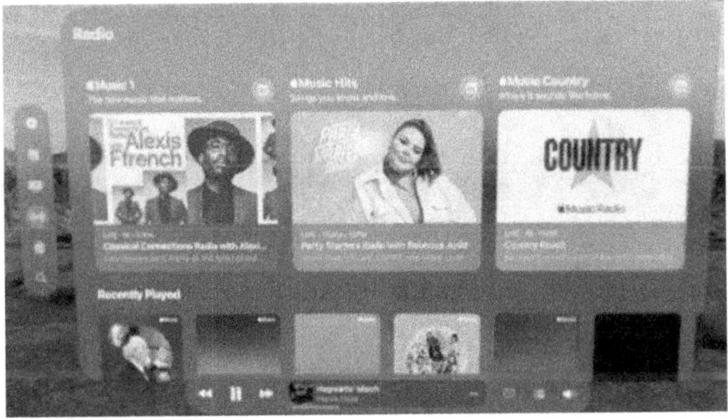

- **Bibliotheek** - Als je muziek bezit, zie je die hier. Hier vind je ook je afspeellijsten.

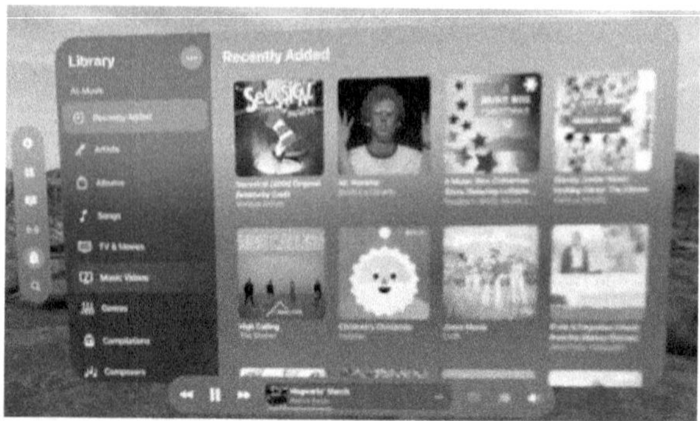

- **Zoeken** - Met Zoeken kun je zoeken naar verschillende artiesten en genres.

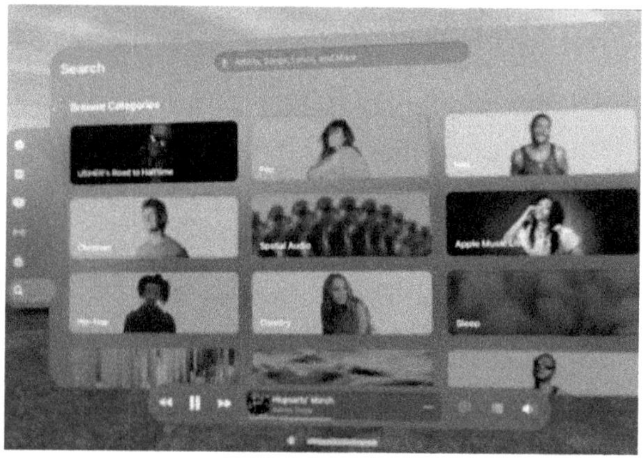

MUZIEK AFSPELEN

Als je muziek afspeelt, verschijnt deze in de onderste balk; er zijn een paar opties terwijl de muziek wordt afgespeeld.

Als je bijvoorbeeld op de drie puntjes tikt, kun je het toevoegen aan je bibliotheek, een zender maken en meer.

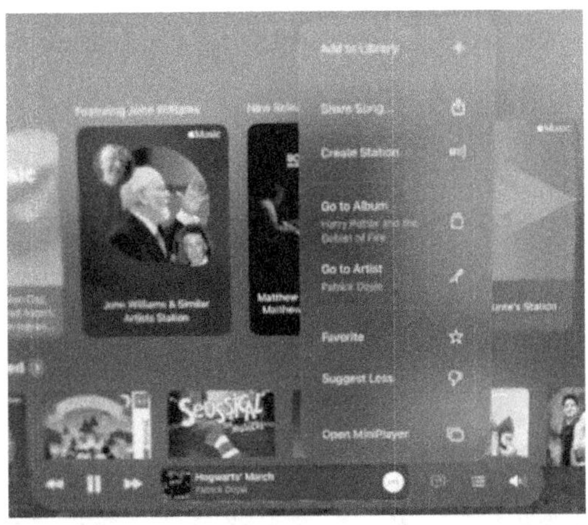

Als je op het nummer tikt, krijg je het album of de artiest te zien.

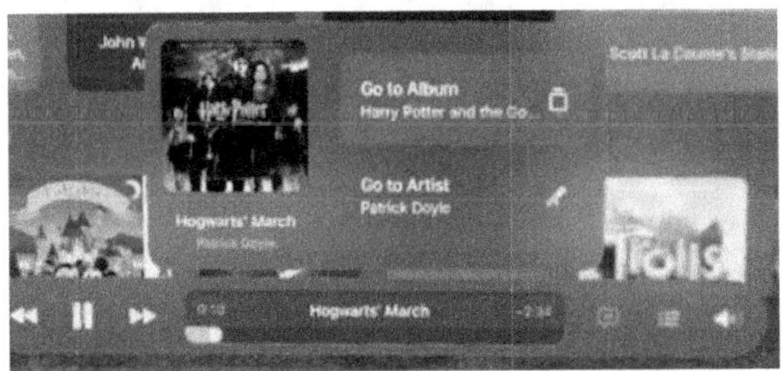

MINDFULNESS

Een van de dingen die Apple promootte toen het de Vision Pro was bemiddeling. In veel opzichten is dit de perfecte ervaring voor Vision Pro, omdat de headset zo...isolerend kan werken.

Als je het gevoel hebt dat je even tot rust moet komen, is de Mindfulness de oplossing van Apple. Het is prachtig in zijn eenvoud.

Als je de app opent, vraagt hij hoe lang je het wilt doen en dan zegt hij start. Dat is alles. Zoals ik al zei: het is erg simplistisch.

Als je op het aantal minuten tikt, krijg je de optie om zowel de tijd als de instructeur te veranderen. Er is ook een optie voor zelfbegeleiding als je het alleen wilt doen.

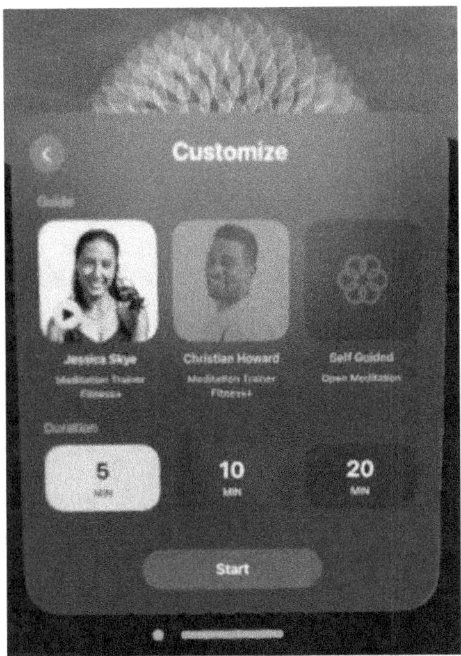

Tijdens de meditatie zie je een bal in en uit gaan om je te helpen je ademhaling te visualiseren.

Na afloop van de bemiddeling kun je informatie toevoegen om je sessie bij te houden.

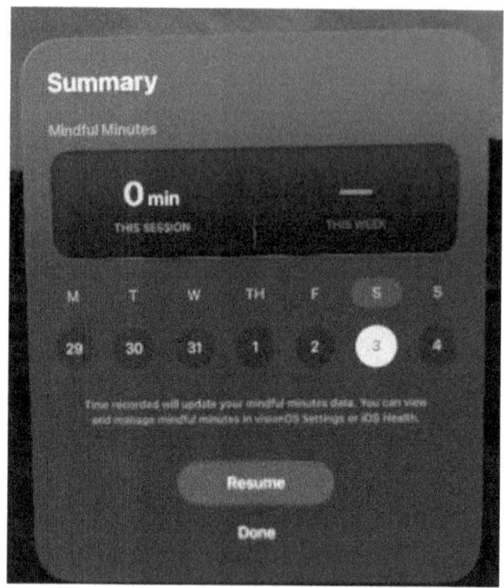

VRIJE VORM

Freeform werd een paar jaar geleden gelanceerd op Mac en iPadOS, maar Vision Pro is misschien wel waar het uiteindelijk voor bedoeld was. Freeform is een digitaal whiteboard dat ideaal is voor samenwerking.

De besturing is heel eenvoudig. Onderaan het scherm staan al je opties. Er zijn verschillende sets markten en elke markt kan een andere kleur hebben.

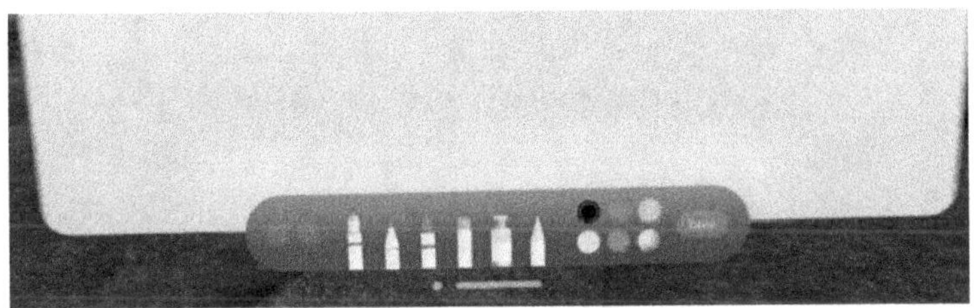

Je kunt met je vinger over het scherm knijpen en slepen om te schrijven (of krabbelen in mijn voorbeeld) met de geselecteerde pen.

Er zijn ook objecten die je kunt toevoegen; je kunt de hoeken naar binnen en buiten slepen om de grootte aan te passen. Je kunt ook tekst toevoegen.

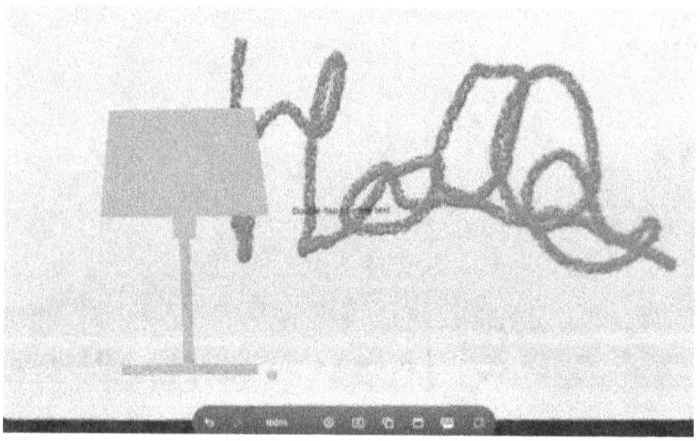

En er zijn plakbriefjes die je overal kunt opplakken.

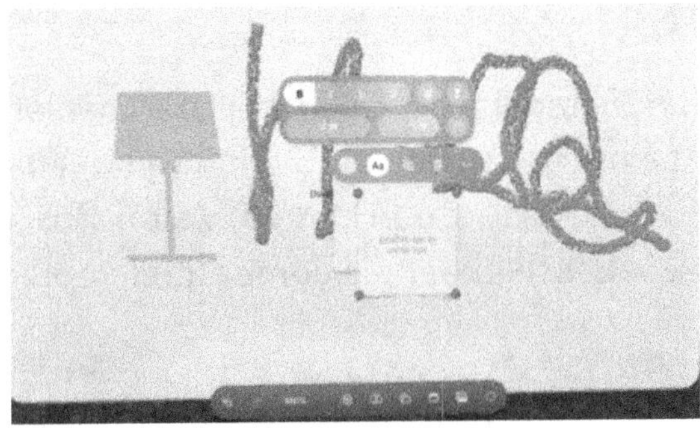

Je kunt natuurlijk ook afbeeldingen toevoegen.

Als je klaar bent, kun je op de naam bovenin
tikken om de naam te wijzigen of te exporteren.

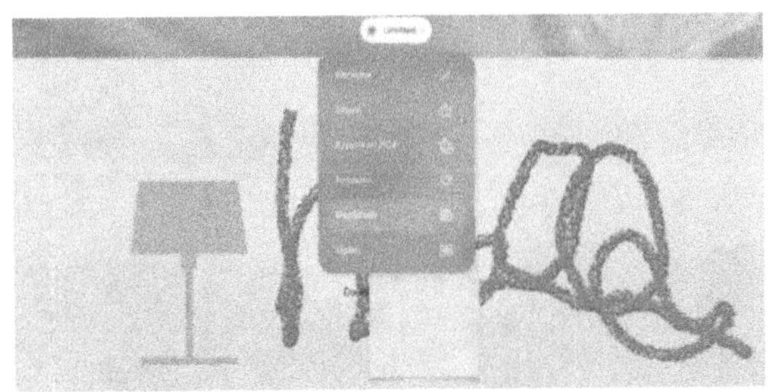

SAFARI

Safari Safari is de belangrijkste manier om op het internet te surfen. Op dit moment is het de beste keuze als je een native Vision Pro-app wilt. Firefox is beschikbaar als compatibele app.

Als u de muisaanwijzer in deze bovenste sectie houdt, ziet u de tabbladen die u hebt geopend. Als u op het pictogram + drukt, wordt een nieuw tab-blad geopend.

Je kunt al je tabbladen weergeven door op het laatste pictogram aan de rechterkant te tikken - het ziet eruit als twee op elkaar gestapelde stukjes pa-pier.

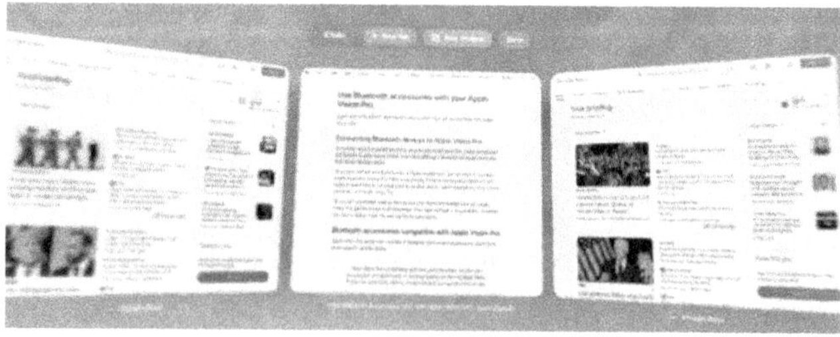

Als je op het AA-pictogram drukt, krijg je alle pagina-opties te zien voor wat je aan het bekijken bent.

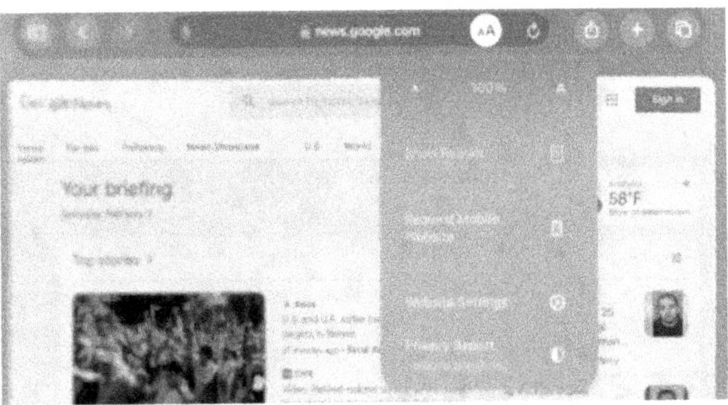

PRIVÉ BEZICHTIGING

Om een pagina privé te bekijken (wat betekent dat je geschiedenis niet wordt bijgehouden), tik je op het pictogram uiterst links om de zijbalk te openen en selecteer je de optie Privé. Wanneer je een nieuw tabblad opent, staat deze in privé-modus. Om terug te gaan naar de normale modus tik je gewoon op de bovenstaande met het Vision Pro-pictogram.

OPMERKINGEN

Opmerkingen is ook geoptimaliseerd voor Vision Pro, maar het ziet er bijna hetzelfde uit.

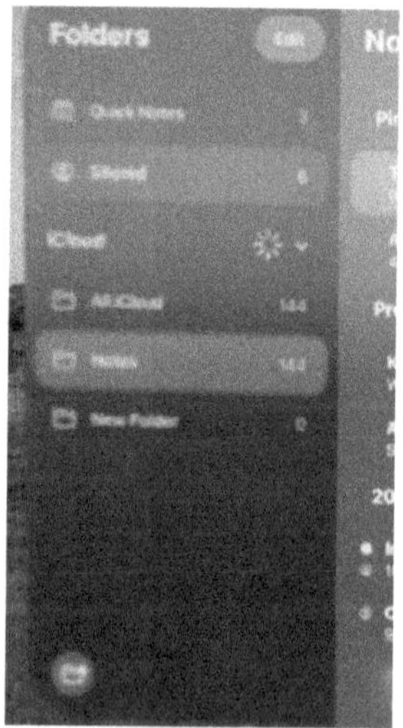

MAIL

E-mail controleren op de Vision Pro kan op het web, maar als je het echt wilt doen, moet je een compatibele app kopen die is ontworpen voor iPad, of de Mail-app van Apple gebruiken. app van Apple. Die ziet er heel bekend uit als Mail op elk ander Apple product. Als je het opent, kun je je e-mail toevoegen; je hebt de optie om meer accounts toe te voegen nadat je er één hebt toegevoegd. Je kunt dus meerdere mailaccounts hebben.

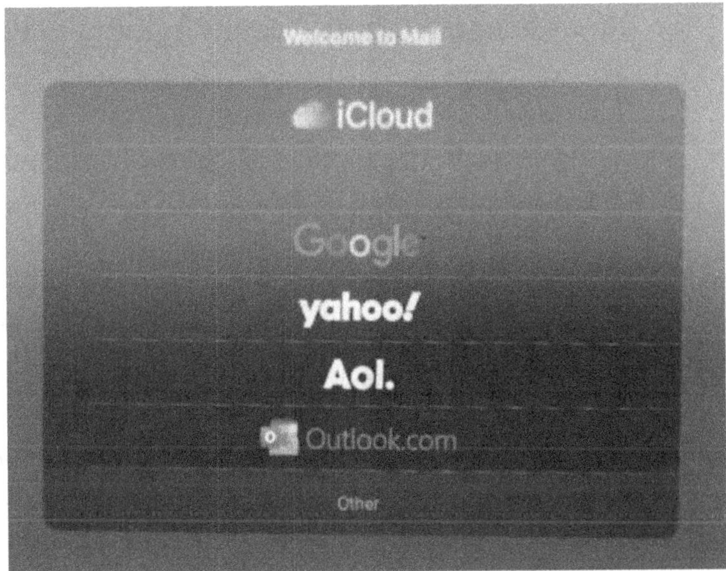

BERICHTEN

Berichten ziet er bijna identiek uit als iPad, maar is geoptimaliseerd voor Vision Pro.

KEYNOTE

Keynote is de enige iWork-app die op de Vision Pro (hoewel iPad-apps van de andere apps wel worden ondersteund.

Ik denk dat je zult begrijpen waarom. Pages en Numbers werken prima als iPad-apps; ik weet zeker dat ze op een gegeven moment worden geoptimaliseerd voor Vision Pro geoptimaliseerd zullen zijn, en dan zullen ze nog iets bruikbaarder zijn. Maar Keynote is echt gemaakt voor de Vision Pro en geeft naar mijn mening een van de beste vooruitblikken naar de toekomst van dit type computer. Het laat zien wat uiteindelijk een van de grootste toepassingen van Vision Pro zou kunnen worden: onderwijs.

De app zelf is vergelijkbaar met Keynote op Mac of iPad; dus als je het daar hebt gebruikt, zul je het hier ook prima kunnen gebruiken. Dit is geen uitgebreide handleiding voor het gebruik van de apps, dus ik zal hier niet ingaan op alle functies, maar er is er één in het bijzonder die ik wil uitlichten: het maken van presentaties.

Wanneer je het oefenen van een presentatie selecteert, heb je de keuze om te oefenen in een vergaderzaal of in het Steve Jobs auditorium!

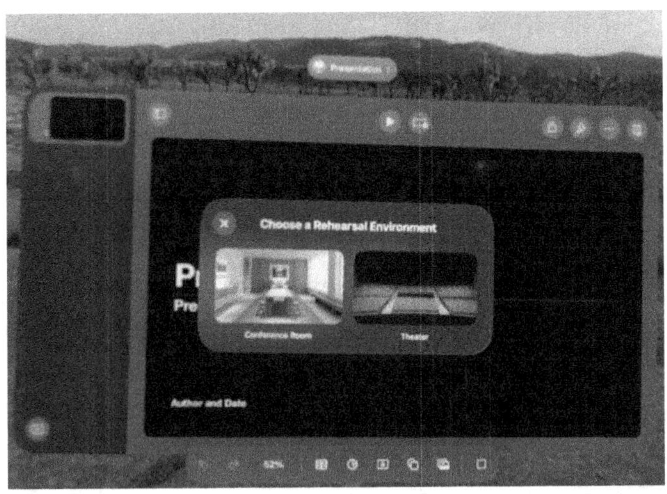

In beide opstellingen zie je een voorbeeld van je dia's voor je en als je je achter je omdraait, zie je je presentatie. Het voelt echt alsof je op het podium staat en voor een lege zaal presenteert, en achter je zie je wat je lege publiek ziet.

Het is cool, maar waarom is het een blik in de toekomst? Vision Pro is op dag één; denk aan de toekomst - denk aan de kinderen die nu op de basisschool zitten en die waarschijnlijk een Vision Pro zullen meenemen als ze naar de universiteit gaan. Maar even terug: moeten ze echt nog weg naar de universiteit?

Wat als wat we hier zien de presentatormodus is, maar er in de toekomst een "kijkmodus" komt? Een modus waarmee je het auditorium binnenstapt voor een college en je naar rechts en links kunt draaien om je medestudenten te zien, net als in het klaslokaal. Je kunt met ze praten, zelfs aantekeningen met ze uitwisselen.

We zijn er nog niet, maar deze app zal je doen afvragen hoe reëel de mogelijkheid zal zijn. Je zou willen dat je nog een kind was - leren over kunst door virtueel musea te bezoeken of leren over de maan door erop te lopen! De Vision Pro maakt je enthousiast over de toekomst en het zijn apps als Keynote die je helpen die toekomst te zien.

BESTANDEN

Als je dingen downloadt van het internet (of e-mailbijlagen) kun je ze hier vinden. Je hebt ook toegang tot al je clouddocumenten. Helaas is het niet vreselijk makkelijk om te zoeken.

FACETIME EN PERSONA'S

Als je rondkijkt op het Vision Pro OS rondkijkt, valt één ding snel op: er is geen Facetime app is. Dat is vreemd, want de app bestaat wel - je zult er alleen geen pictogram voor vinden. Er is ook geen Telefoon icoontje - nogmaals, het bestaat wel, maar er is geen snelkoppeling voor.

Om spraak- of Facetime-gesprekken te voeren ga je naar het gedeelte Mensen in het hoofdmenu, zoek je de persoon die je wilt bellen en zie je op hun contactkaart Facetine als optie.

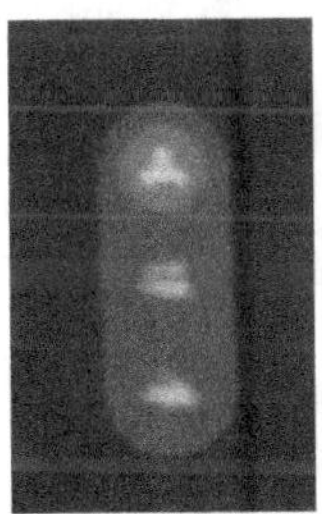

Ik zeg dit allemaal als inleiding tot Personaser is geen Personas app, maar om te kunnen profiteren van Facetime videogesprekken, heb je er een nodig.

Personasis op het moment van schrijven nog in bèta. Laat je echter niet misleiden door het bèta-label, want het werkt eigenlijk heel goed. Als je de Vision Pro nog niet hebt geprobeerd, dan heb je waarschijnlijk de memes van Personas gezien of misschien iemand horen zeggen hoe raar het eruitziet. De kans is groot dat je dit hebt gehoord van iemand die het niet op de Vision Pro heeft gebruikt en alleen een foto heeft gezien. Het is echt iets wat je moet ervaren met de headset op om het volledig te kunnen waarderen.

Mijn vrouw lachte toen ik haar belde; ze lachte iets te lang! Ik denk dat ik mijn haar wel had kunnen doen. Ik draag ook een roze trui op mijn foto, maar om de een of andere reden past die goed bij mijn huid en lijkt het op het eerste gezicht alsof ik geen shirt draag!

Dit is een van de belangrijkste dingen die je moet weten over PersonasWees voorzichtig met wat je draagt! Als je een kraag hebt die scheef staat, zullen de mensen dat zien totdat je je Persona opnieuw hebt gedaan. Bij Personas draait alles om je gezicht; dat betekent dat je haar en kleding stijf zullen lijken.

Zorg voor goede belichting als je een foto maakt voor Persona's. Als je een webcamlamp hebt, gebruik die dan.

Het maken van een Persona gaat vrij snel, dus experimenteer en heb er plezier in. Maak een paar foto's en kijk welke je het leukste vindt.

Omgevingen veranderen ook hoe dingen klinken. Als je omgeving buiten is, merk je een heel subtiele verandering in hoe je klinkt voor anderen. Deze ervaring is tot in het kleinste detail uitgewerkt, en dit is er één van.

Voor iedereen die je aan de telefoon hebt, zie je er waarschijnlijk een beetje robotachtig uit. Als je wilt zien waarom Personas beter is dan een meme, probeer dan iemand anders met een Vision Pro te bellen - daar is Personas echt voor gemaakt.

EEN PERSONA INSTELLEN OF BEWERKEN

Als je geen Persona hebt aangemaakt bij de installatie of je wilt het opnieuw doen, dan moet je naar je instellingen gaan om dit te doen. Instellingen > Persona's. Van hieruit kun je je Persona bewerken of opnieuw maken.

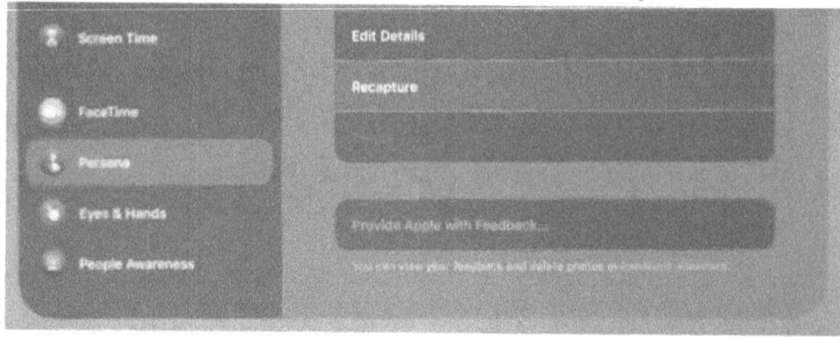

Wanneer je een Persona bewerkt (of wanneer je het voor het eerst doet) kun je de belichting van je Persona kiezen.

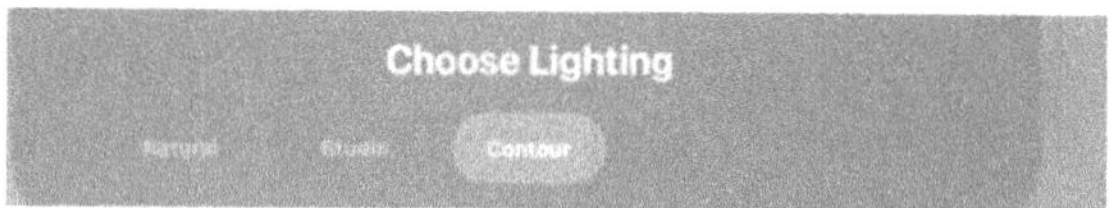

Je kunt ook de helderheid en temperatuur van je huidtint kiezen.

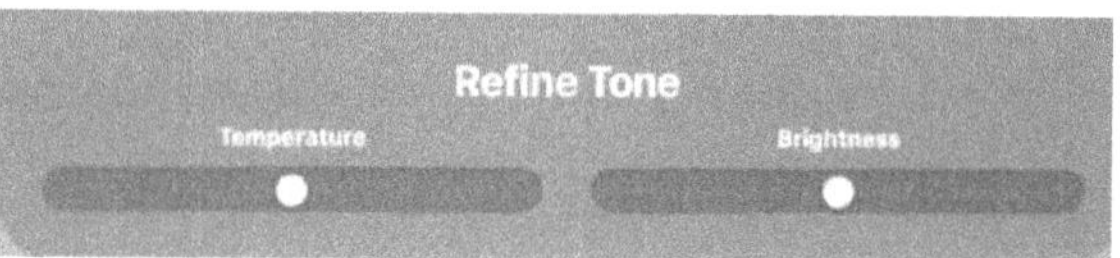

Tot slot kun je kiezen of je een bril hebt.

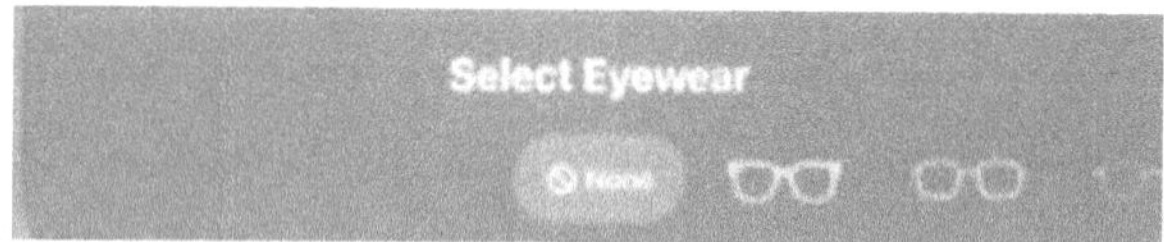

APP STORE

De App Store verschilt niet veel van de iPad app store. Dit is het belangrijkste om te weten: wanneer je naar een app zoekt, worden automatisch de apps met ingebouwde apps getoond; wanneer de resultaten binnenkomen, kun je op de compatibele apps tikken om alle apps te zien. Dus als je op zoek bent naar iets als Slack of Outlook (beide zijn momenteel niet beschikbaar op Vision Pro) moet je naar compatibele apps gaan om het te vinden.

Om een app te kopen, kunt u uw wachtwoord gebruiken of Optic ID inschakelen.-wat betekent dat je om iets te kopen gewoon naar het scherm staart en het bevestigt je identiteit met een oogscan.

COMPATIBELE APPS

Apps die compatibel zijn met Vision Apps die compatibel zijn met Vision Pro, maar niet zijn gemaakt voor Vision Pro (bijvoorbeeld iPad-apps), worden in dit gedeelte weergegeven - dit geldt zowel voor Apple Apps als voor Apps die u downloadt van de App Store..

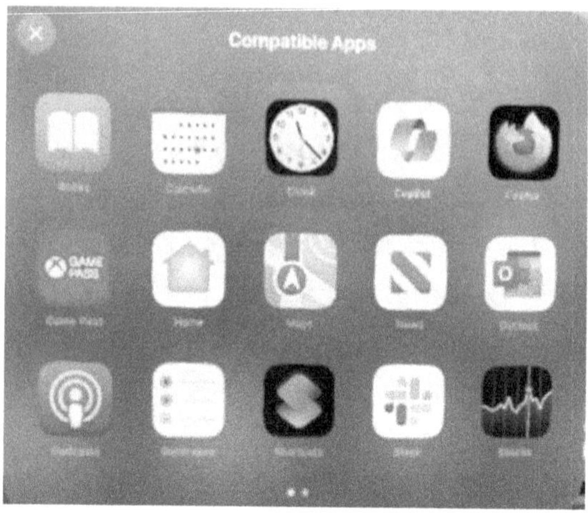

[5]
FOTO'S EN VIDEO'S MAKEN EN BEKIJKENS

RUIMTELIJKE VIDEO'SS EN FOTO'S MAKEN MET VISION PRO

Video's maken met je Vision Pro is niet slecht, maar naar mijn mening niet zo goed als wat je krijgt op de iPhone 15 Pro. De Vision Pro is beter in het bekijken van inhoud dan in het vastleggen ervan. Maar als je geen iPhone 15 Pro hebt, is de Vision Pro voorlopig je enige optie - maar wees niet verbaasd als je in de toekomst Spacial capture op iPad en zelfs de goedkopere iPhones ziet verschijnen.

Foto's en video's maken is eenvoudig; je hoeft geen Camera app te openen zoals op elk ander apparaat. Je hoeft alleen maar de bovenste knop in te drukken.

Zodra je op de bovenste knop drukt, wordt gevraagd of je een foto of video in de ruimte wilt maken.

Druk nogmaals op de bovenste knop om de foto of video te maken; als je een video opneemt, kun je ofwel op de bovenste knop drukken om te stoppen, of op het rode stopvierkantje drukken.

Je kunt deze foto's en video's met iedereen delen, zelfs met mensen zonder Vision Pro. Maar voor alle anderen verschijnen ze in 2D.

RUIMTELIJKE VIDEO'SS EN FOTO'S MAKEN MET IPHONE 15 PRO

Als je een iPhone 15 Pro hebt, heb je misschien al herinneringen vastgelegd die zijn verbeterd voor de Vision Pro en wist je het niet eens! Als je dat nog niet hebt gedaan, laten we je zien hoe (sorry, maar dit is alleen voor de iPhone 15 Pro en Pro Max - gewone iPhone 15 doet het niet... en iPhone Proeerder dan de 15).

JE IPHONE 15 PRO INSTELLEN VOOR RUIMTELIJKE VIDEO MAGIE

Laten we eerst je iPhone 15 Pro of Pro Max klaarmaken voor deze 3D-reis. Ga naar `Instellingen > Camera > Formaten` en schakel de optie

"Ruimtelijke video voor Apple Vision Pro" aan. Deze instelling is je gouden ticket naar de 3D-wereld en is beschikbaar voor iPhone 15 Pro-modellen met iOS 17.2 of hoger (deze was niet beschikbaar toen de telefoons voor het eerst uitkwamen, dus zorg ervoor dat je die update uitvoert als je dat nog niet hebt gedaan).

JE EERSTE RUIMTELIJKE VIDEO OPNEMEN

Klaar om te filmen? Pak je iPhone 15 Pro en laten we gaan filmen:

1. **De camera starten App**: Open Camera en schakel over naar de modus. Liggende oriëntatie is hier je vriend-portretoriëntatie is geen optie.
2. **Ruimtelijke video activeren**: Zoek de knop Spatial Video Uit en tik erop. Nu ben je klaar om in 3D op te nemen!
3. **Leg het moment vast:** Druk op de opnameknop of druk op een van de volumeknoppen om te beginnen. Hier zijn enkele pro-tips voor die perfecte opname:
   a. Houd je iPhone stabiel en horizontaal.
   b. Plaats je onderwerpen op een afstand van ongeveer 3 tot 8 meter.
   c. Zorg voor heldere en gelijkmatige verlichting.

4. **Afsluiten**: Tik opnieuw op de opnameknop of druk op een volumeknop om te stoppen. Om de ruimtelijke videomodus af te sluiten, tikt u gewoon op de knop Ruimtelijke video Aan.

Uw 3D-CREATIES BEKIJKEN EN DELEN

Zorg ervoor dat je bent aangemeld met je Apple ID en dat iCloud Foto's aan hebt staan voor naadloze synchronisatie tussen apparaten.

EEN KORTE OPMERKING OVER SPECIFICATIES

Vergeet niet dat ruimtelijke video's op de iPhone 15 Pro en Pro Max worden opgenomen in 1080p met 30 fps. Elke minuut van deze 3D-goedheid neemt ongeveer 130 MB ruimte in beslag, dus plan je opslagruimte hierop in. Dat kooroptreden kan wel eens meer dan 4 GB in beslag nemen op je telefoon!

FOTO'S BEKIJKEN

De Foto's-app is geoptimaliseerd voor Vision Pro, maar in zekere zin is het ook een inferieure app voor wat je op iPhone en iPad krijgt; de Foto's-app is bedoeld om foto's te bekijken, niet om ze te bewerken. De Foto's-app is bedoeld om foto's te bekijken, niet om ze te bewerken. De app is op een heel vertrouwde manier georganiseerd, maar voelt ook als een herinnering dat de Vision Pro een apparaat is om inhoud te bekijken, niet altijd om inhoud te bewerken.

Er zijn drie hoofdgebieden in de app. Rechts is het hoofdweergavegebied waar alle miniaturen verschijnen; daarnaast is het submenu dat gebaseerd is op het menu dat je selecteert.

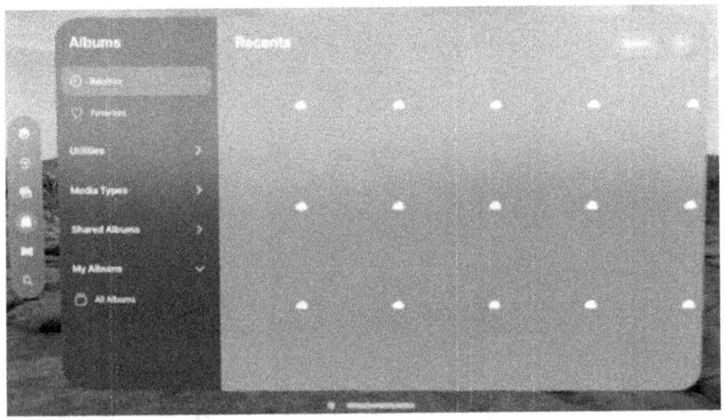

Aan de rechterkant zie je ten slotte het hoofdmenu, dat het volgende laat zien: Spacial (waar elke ruimtelijke weergave die je op je iPhone of op de Vision Pro wordt getoond, Herinneringen (die je zelf kunt maken of die Apple voor je maakt), Bibliotheek (alle foto's), AlbumsPanorama's en Zoeken.

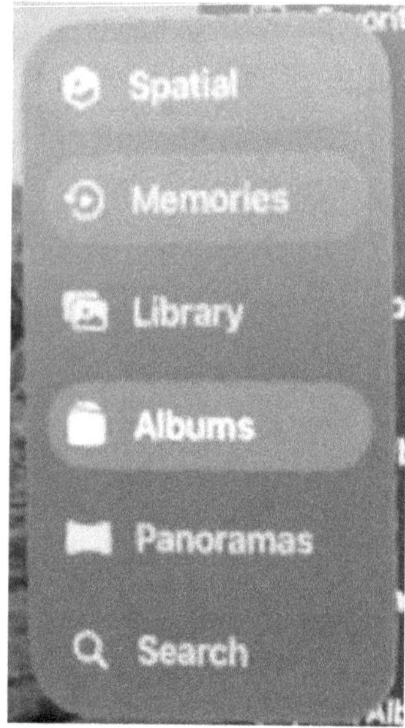

Als je de zoekfunctie al een tijdje niet hebt geprobeerd, is het de moeite waard om hem uit te proberen. Zie het niet als zoeken naar de titels van bestanden; dat is zo oud! Met de zoekfunctie van vandaag kun je zoeken naar wat er op de foto's staat. Dus je kunt "witte hond" zeggen en het is in staat om te begrijpen wat je net zei en je foto's te scannen op alles wat op een witte hond lijkt.

Als je je foto bekijkt, kun je hem delen en bekijken, maar dat is het wel zo'n beetje. Door te knijpen en te vegen kun je de foto's links en rechts bekijken, maar ook hier is er op dit moment geen optie om een foto te bewerken.

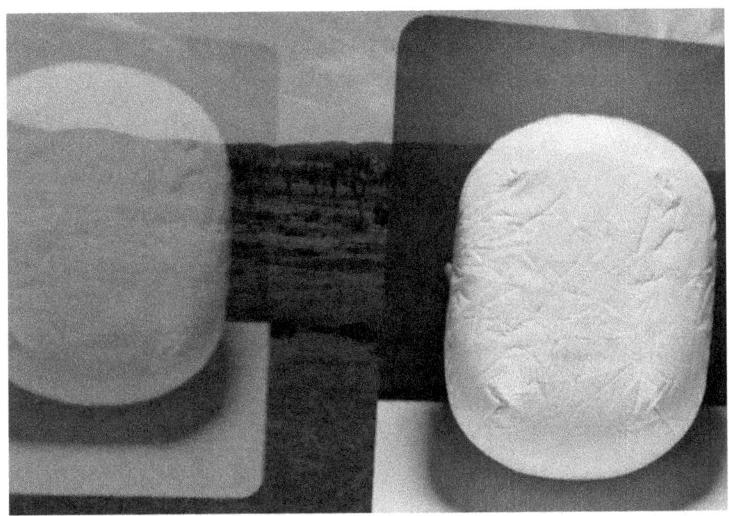

Naast de Spacial video's (die, als je geen iPhone 15 Pro hebt, waarschijnlijk leeg zullen zijn), is het beste aan de app de Panorama's; en het mooie van Panorama's is dat je ze met elke telefoon kunt maken, dus je hebt er misschien wel een paar in je bibliotheek.

Wanneer je een panorama bekijkt op de Vision Pro bekijkt, ziet het eruit als een lange foto. Maar kijk eens naar dat pictogram in de rechterboven-hoek - het ziet eruit als een rechthoekig vak dat wordt samengeknepen.

Dat verandert je foto in een meeslepende foto van 180 graden; je kunt het hieronder niet zien, maar in de headset zou ik naar links en rechts kunnen draaien om de foto in zeer scherp HD te bekijken.

Het bekijken van Spacial foto's en video's is een vergelijkbaar proces; de normale weergave is 3D, maar niet meeslepend; als je op dat hoekpictogram drukt, worden je Spacial foto's en video's een meeslepende ervaring. Maar wees gewaarschuwd!

Spacial video's kunnen bewegingsziekte veroorzaken! Als je dit soort inhoud bekijkt, zorg er dan voor dat er niet veel beweging in de scène zit. Ik filmde mijn spelende honden en viel bijna om toen ik de immersieve modus inschakelde!

[6]

INSTELLINGEN

Nu je de weg weet in de Vision Pro, gaan we eens kijken naar de instellingen, waar je kunt zien hoe je dingen kunt configureren.

De Instellingen-app ziet er bijna identiek uit als de iPad; een navigatiepaneel aan de linkerkant met de instellingen voor elke categorie aan de rechterkant. Maar laat je niet misleiden, want er zijn veel instellingen die je alleen op Vision OS. Ik zal nu elk gebied bespreken.

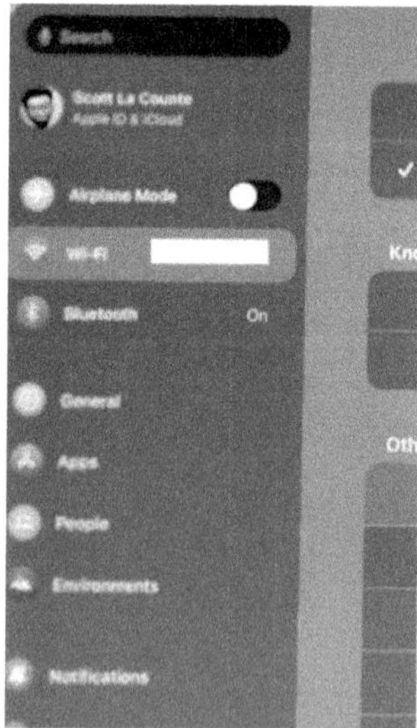

Wi-Fi

Wanneer je het draadloze netwerk waarop je Vision Pro zit, ga je hier naartoe. Het onthoudt wachtwoorden, dus als je naar een locatie gaat waar je eerder bent geweest, maakt het automatisch verbinding als de wi-fi hetzelfde is.

Bluetooth

Wat als je een controller wilt gebruiken? Toetsenbord? Trackpad? Of een ander ondersteund Bluetooth apparaat? Dat doe je in Bluetooth. De meeste controllers en toetsenborden worden ondersteund, maar je beste kans voor een trackpad is die van Apple. Als je een trackpad gebruikt, verschijnt er een kleine transparante cirkel op je scherm.

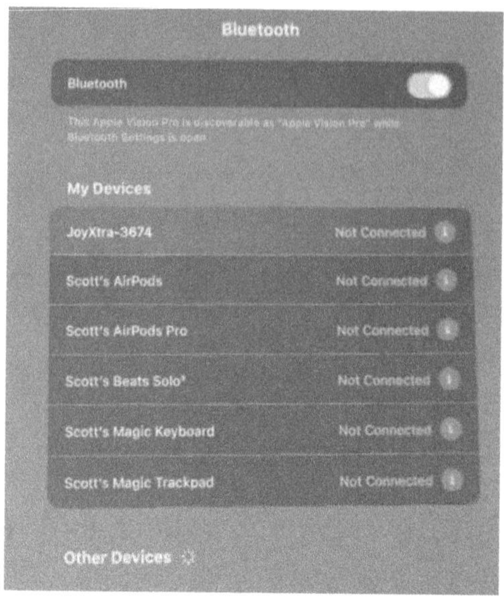

ALGEMEEN

Een aantal van de belangrijkste instellingen vind je onder Algemeen. Onder about kun je het serienummer van je apparaat opvragen; je kunt ook software-updates uitvoeren, het uiterlijk van het toetsenbord wijzigen, de tijd aanpassen, de taal wijzigen, een VPN toevoegen, je Vision Pro resetten en ook afsluiten.

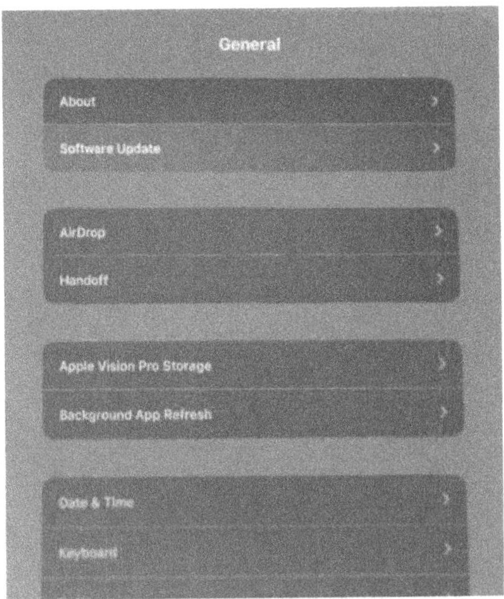

APPS

Zoals de naam al zegt, vindt u in Apps een lijst met al uw apps, maar ook waar u uw app-instellingen kunt wijzigen. Als je op een app tikt, zie je extra dingen die je kunt toevoegen of wijzigen.

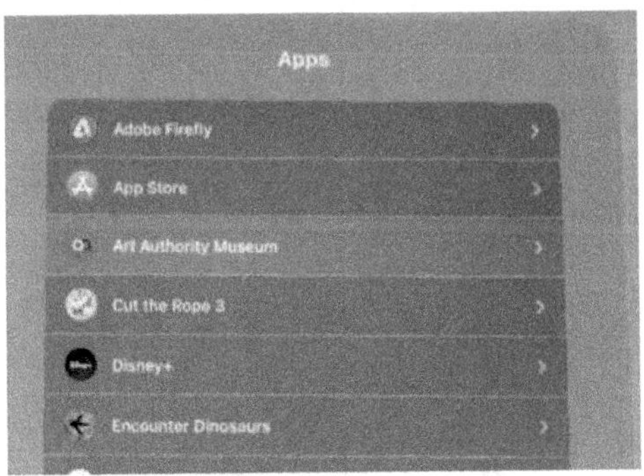

MENSEN

Met Mensen kun je aanpassen hoe namen worden weergegeven; je kunt ook mensen toevoegen aan je geblokkeerde lijst, zodat ze geen contact met je kunnen opnemen.

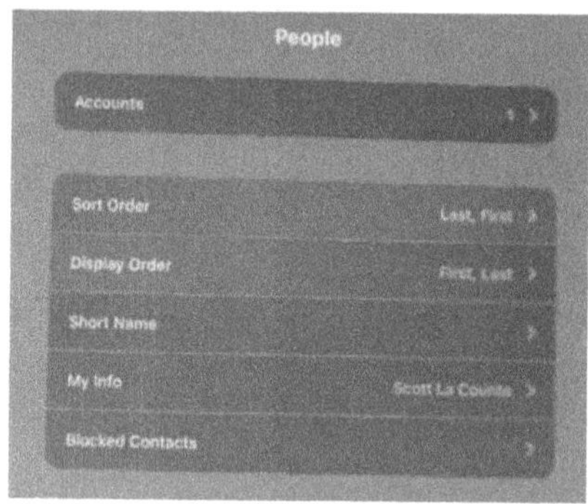

OMGEVINGEN

Omgevingen kun je kiezen of een omgeving licht of donker is, of automatisch verandert op basis van waar je bent. Het volume hieronder is niet voor normaal geluid, maar voor het omgevingsgeluid dat in de omgeving wordt afgespeeld. Dus als je op het strand bent, hoor je golven op de achtergrond, maar je kunt het volume aanpassen.

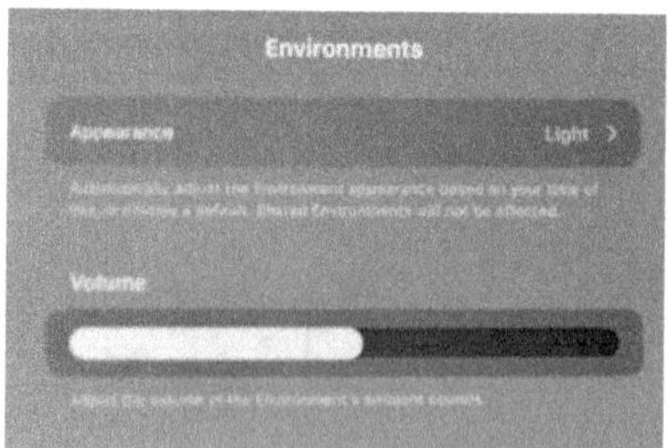

MELDINGEN

Meldingen Hiermee kun je het type meldingen van apps aanpassen. Dus stel dat je de NBA-app downloadt, maar geen meldingen van hen wilt; je kunt ze uitschakelen of, als je ze wel wilt, kiezen hoe ze worden weergegeven.

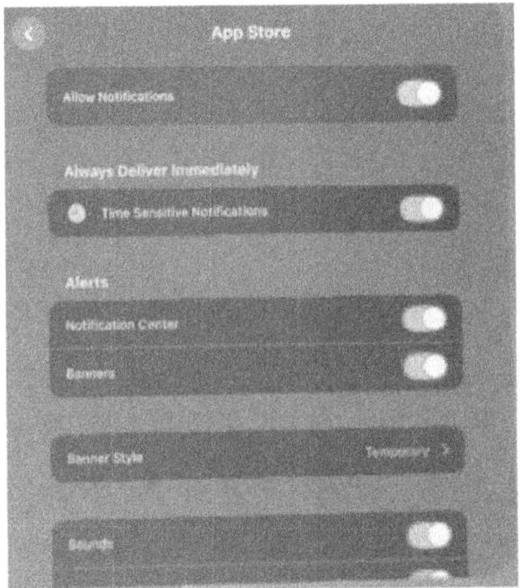

KLINKT

Geluiden Hiermee kun je het geluid op je apparaat aanpassen.

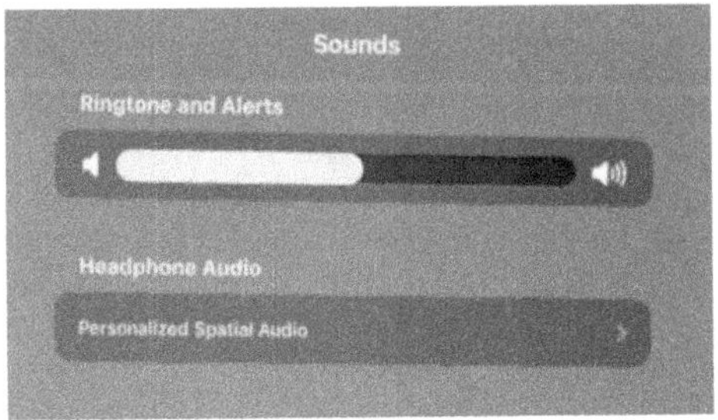

Focus

Focus Je kunt bijvoorbeeld een modus instellen waarin je geen e-mail- of sms-meldingen krijgt, maar wel telefoontjes van familieleden; of je kunt alles uitschakelen.

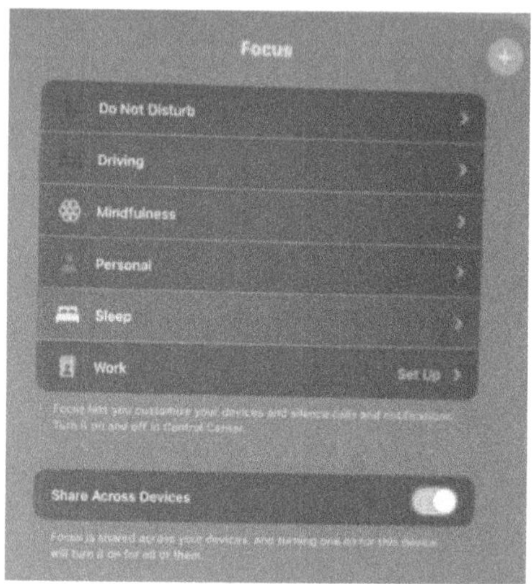

Schermtijd

Als je een Vision Pro hebt, houd je waarschijnlijk van entertainment en sla je deze over! Maar eigenlijk kun je er verschillende beperkingen mee instellen, zodat je alleen games kunt spelen gedurende een bepaald aantal uren of alleen PG-13 films kunt bekijken.

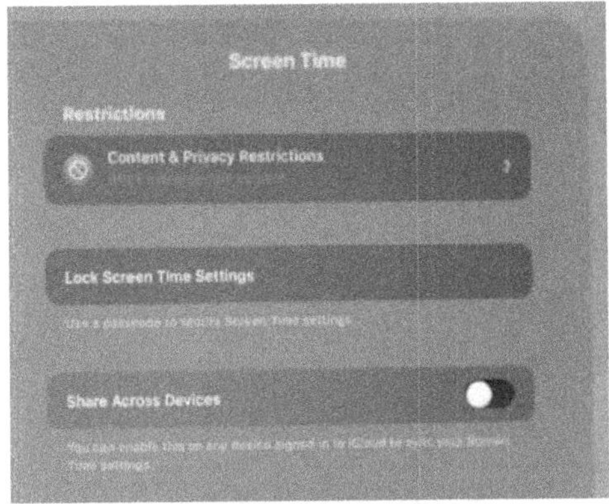

FaceTime

FaceTime is vrij eenvoudig qua instellingen; je kunt Siri en zoeken inschakelen en FaceTime in- en uitschakelen; wat je misschien wilt doen is verschillende e-mails en telefoonnummers toevoegen, wat je doet in de onderste vakken (niet weergegeven in de onderstaande afbeelding).

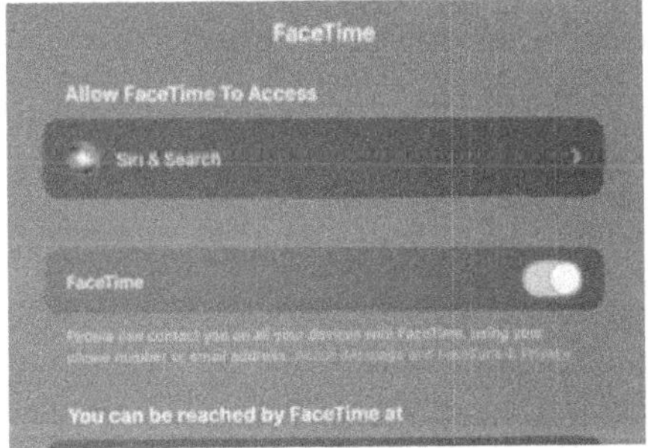

Persona

Persona is de plek waar je wijzigingen kunt aanbrengen of je Persona kunt heroveren; dit is behandeld in een eerder hoofdstuk.

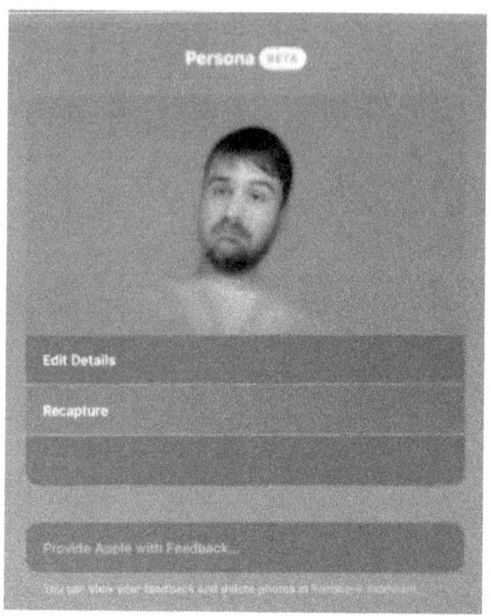

OGEN & HAND

Als hand- en oogbesturing niet lijken te werken, is het eerste wat je moet proberen je lenzen schoon te maken met de stof die Apple bij je Vision Pro. Je kunt ook het licht aanpassen. Als dat niet werkt, kun je naar deze instelling gaan en de tracking opnieuw doen. Je kunt ook proberen je apparaat opnieuw op te starten. De tracking op de Vision Pro is ongelofelijk, maar soms is het een beetje... buggy, zoals wanneer je geen hoeken of kleinere knoppen kunt selecteren.

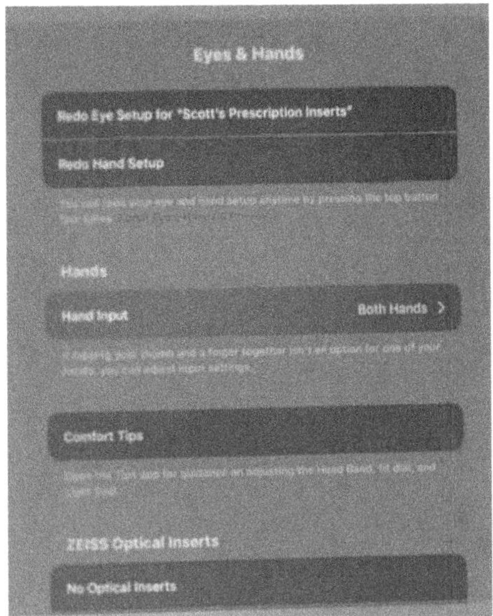

MENSEN BEWUSTZIJN

Als er mensen naar je toe lopen terwijl je de headset draagt, verdwijnt je omgeving en kun je ze zien. Ik vind het best cool en het helpt me om niet helemaal uit de wereld te verdwijnen; maar als je liever niemand ziet, kun je het bewustzijn van mensen uitschakelen in deze instelling. Je kunt ook kiezen of je mensen wilt zien als je iets immersiefs bekijkt of alleen als je een omgeving hebt opgezet.

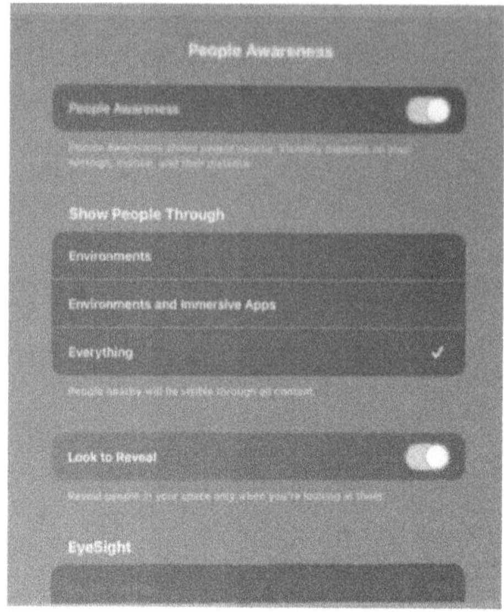

TOEGANKELIJKHEID

Naast de instelling Algemeen is Toegankelijkheid het meest uitgebreid. Je kunt hier bewegingen verminderen, een gehoorapparaat toevoegen, tekst groter maken en nog veel meer.

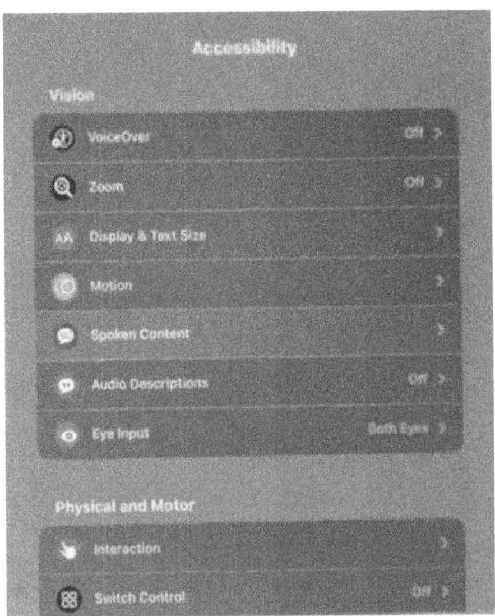

CONTROLECENTRUM

Als je je ondersteuningscentrum nog nooit hebt aangepast, moet je dit overwegen. Als je naar de instellingen van het Control Center instellingen gaat, kun je snelkoppelingen toevoegen en verwijderen die worden weergegeven door op het pictogram + of - naast de snelkoppeling te drukken. In VisionOS kun je ook de positie van de snelkoppeling aanpassen; als je wilt dat het pictogram hoger of lager wordt weergegeven, kun je de schuifregelaar verplaatsen om de beste positie te vinden.

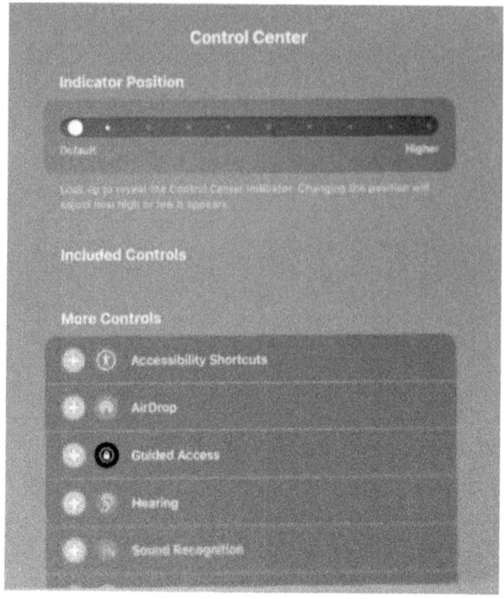

SIRI & ZOEKEN

Als je wilt veranderen hoe Siri wordt geactiveerd, hoe de stem klinkt en meer, dan kun je dat doen in deze instelling.

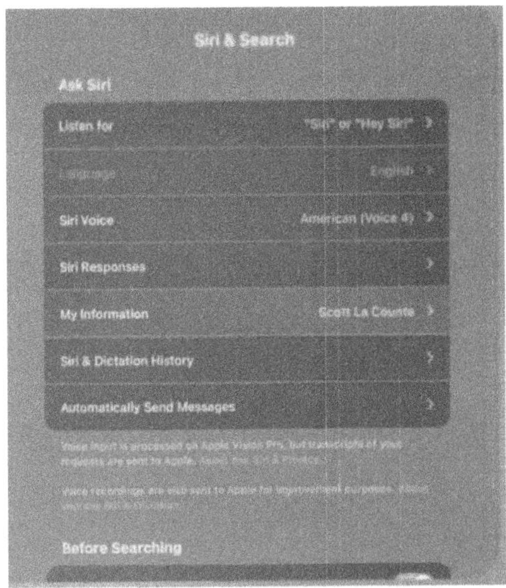

PRIVACY & BEVEILIGING

Je apps houden verschillende dingen bij; ze kunnen bijvoorbeeld je locatie bijhouden; je kunt dat hier in- en uitschakelen. Maar let op: het uitschakelen van tracking kan het gedrag van de app veranderen; een weer-app, bijvoorbeeld, moet weten waar je bent om je het weer van jouw locatie te laten zien.

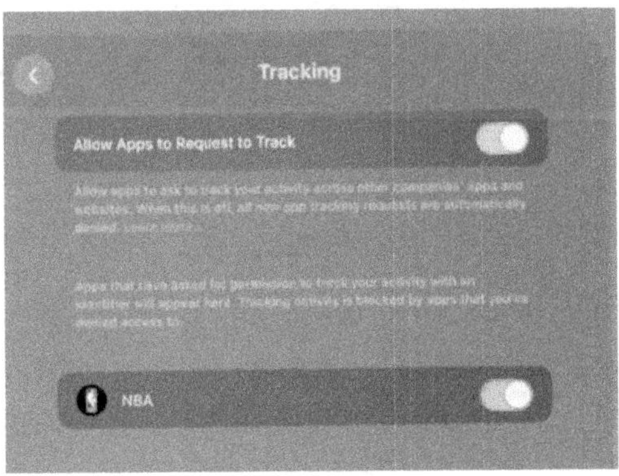

WEERGAVE

Als dingen te groot of te klein lijken, of te licht of te donker, dan kun je hier naar binnen gaan om het aan te passen.

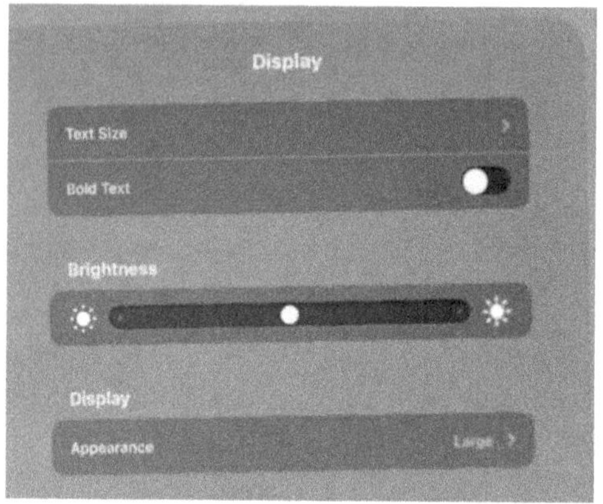

BATTERIJ

Het batterijgedeelte is op het moment van schrijven erg eenvoudig; het is niet meer dan een knop waarmee je het batterijpercentage kunt in- en uitschakelen.

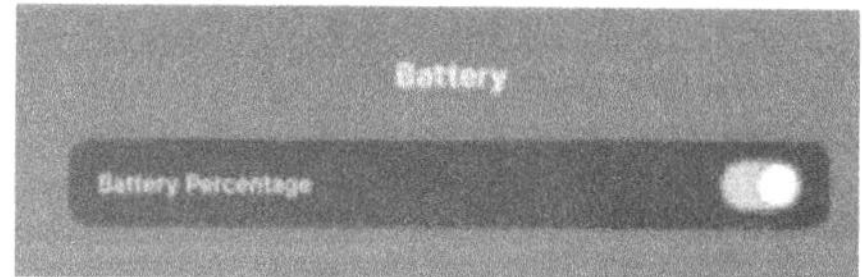

OPSLAG

Opslag laat zien waar al je ruimte wordt gebruikt. Aan sommige dingen kun je niet veel doen; visionOS en Systeemgegevens kunnen bijvoorbeeld niet worden verkleind. Andere dingen kunnen worden verwijderd om ruimte te besparen.

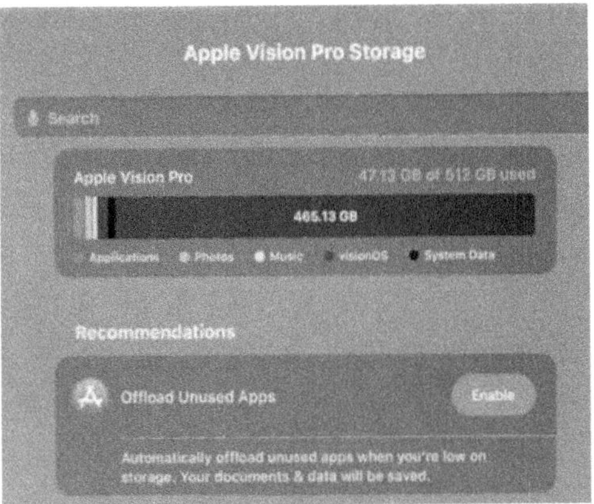

Als je naar beneden scrolt, kun je zien hoeveel ruimte elke app in het bijzonder gebruikt; sommige apps nemen meerdere GB in beslag.

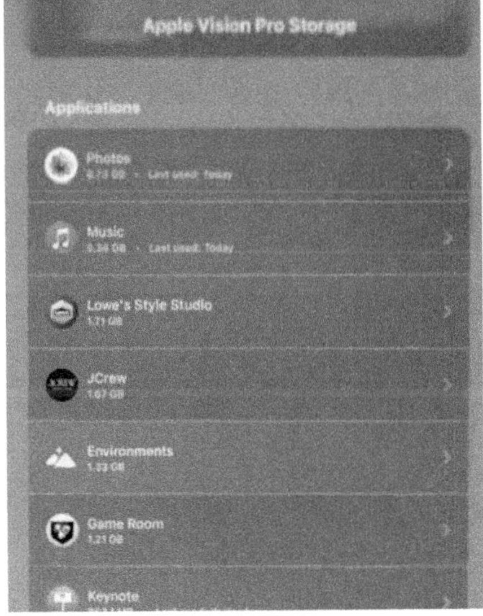

OPTISCHE ID & WACHTWOORD

Betalen en je wachtwoord gebruiken is een beetje anders op Vision Pro; in tegenstelling tot andere apparaten waar je je vingerafdruk of gezicht gebruikt, gebruikt Vision Pro je ogen. Als je liever iets op de ouderwetse manier doet door je wachtwoord in te typen, kun je hier instellen waar het wordt gebruikt.

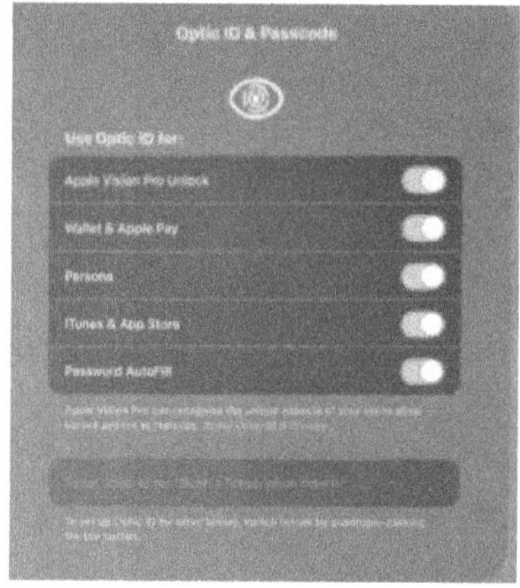

WACHTWOORDEN

In het gedeelte over wachtwoorden zie je zowel aanbevelingen als welke wachtwoorden zijn gebruikt; dus als je niet meer weet welk wachtwoord je voor een bepaalde website hebt gebruikt, kun je dat hier bekijken.

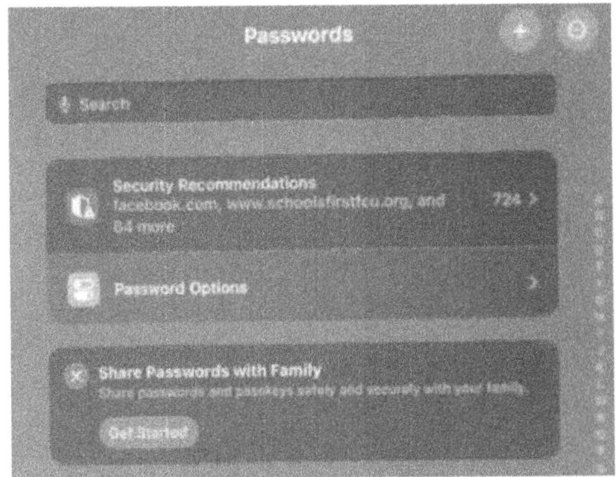

SPELCENTRUM

Game Center wordt gebruikt als je spelletjes wilt spelen tegen vrienden of andere gebruikers; je kunt er ook spelprestaties mee bijhouden. In dit gedeelte kun je het inschakelen, je gebruikersnaam zien en anderen uitnodigen om je te zien.

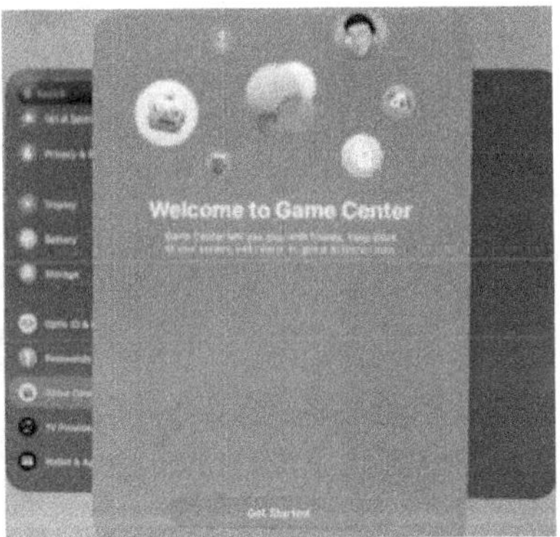

TV AANBIEDER

Als je een kabelabonnement hebt voor tvkun je in dit gedeelte inloggen bij je provider; zo kun je bepaalde apps bekijken zonder abonnement.

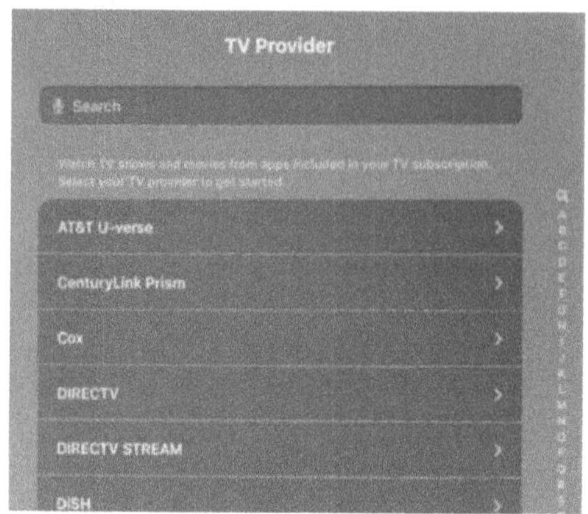

PORTEMONNEE & APPLE PAY

Wallet is waar al je betalingen worden opgeslagen en waar je naartoe zou gaan als je een nieuwe creditcard wilt toevoegen; je kunt hier ook Apple Cash in- en uitschakelen.

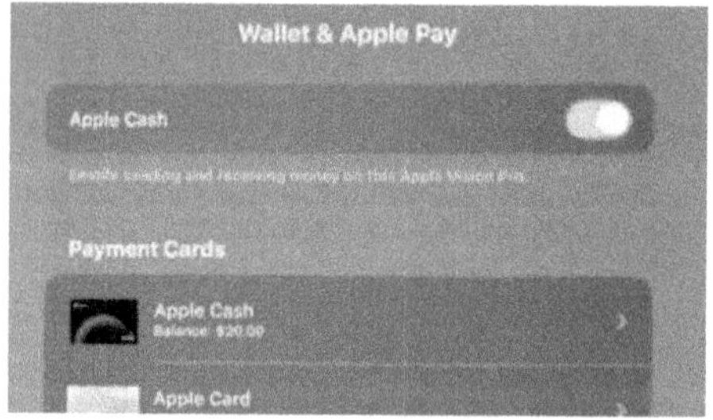

BIJLAGE A: DE VISIE BESCHERMEN PRO

Laten we het hebben over het veilig houden van je nieuwe Vision Pro veilig en gezond. Je hebt vast wel eens gehoord van AppleCare+en voor de Vision Pro is het een optie die je misschien serieus wilt overwegen. Hier lees je wat het biedt en waarom het een redder in nood kan zijn voor je apparaat.

DE VISIE PRO GARANTIE

Je Apple Vision Pro geleverd met een jaar hardwaregarantie en tot 90 dagen gratis technische ondersteuning. Dat is heel netjes, maar als je op zoek bent naar een uitgebreidere dekking, dan is AppleCare+ de oplossing.

APPLECARE+

Je kunt kiezen voor een dekking van twee jaar voor 499 dollar of voor een maandabonnement van 24,99 dollar, dat doorloopt tot je besluit het te annuleren.

Dit krijg je met AppleCare+:

- **Dekking voor onopzettelijke schade**: We hebben het allemaal meegemaakt - ongelukken gebeuren. Met AppleCare+ krijg je onbeperkte bescherming tegen onopzettelijke schade, hoewel voor elk incident servicekosten in rekening worden gebracht. Zie het als een vangnet voor die oeps-momenten.
- **Snelle vervangingsservice**: Niemand zit graag zonder zijn technologie. Met deze service krijgt u een vervangend apparaat opgestuurd, zodat u niet in de steek wordt gelaten terwijl uw apparaat wordt gerepareerd.
- **24/7 toegang tot experts**: Heb je om 2 uur 's nachts een vraag? Geen probleem. AppleCare+ geeft je 24 uur per dag toegang tot Apple deskundigen.
- **Uitgebreide dekking voor hardware**: Dit omvat je Vision Pro, de batterij en zelfs de meegeleverde kabel.

WAAROM APPLECARE?+?

Je hebt je vast wel eens opgelicht gevoeld door een garantie. Is AppleCare+ een zwendel? Absoluut niet. Het is gemoedsrust. Hopelijk heb je het nooit nodig, maar zonder garantie kan een eenvoudig gebarsten glasplaatje je ongeveer 799 euro kosten, en andere reparaties kunnen oplopen tot

2.399 euro. Jakkes! Met AppleCare+ zijn deze kosten aanzienlijk lager. Andere schade door ongevallen wordt bijvoorbeeld gedekt voor 299 euro per incident.

APPLECARE KRIJGEN+

Hoe krijg je precies AppleCare+? Er zijn twee manieren:

- **Kopen bij aankoop**: De gemakkelijkste manier is om het te kopen wanneer je je Vision Pro.
- **60 dagen venster**: Gemist bij het afrekenen? Geen zorgen. Je hebt 60 dagen vanaf de aankoop van je apparaat om AppleCare+ via het instellingenmenu of bij een Apple Store.

AppleCare+ voor je Vision Pro is als een trouwe hulp, klaar om in te springen als er iets misgaat. Dus of je nu kiest voor de tweejarige deal of voor maandelijkse betaling, het is een investering in gemoedsrust.

BIJLAGE B: ACCESSOIRES

De Vision Pro is niet het duurste apparaat van Apple ooit; die eer komt toe aan de originele gouden Apple Watches - weet je nog? Dat weten niet veel mensen meer! Maar die kostten maximaal 17.000 dollar. Als je meer dan $ 3500 aan de headset hebt uitgegeven, moet je nog meer overwegen om bij Apple te kopen (exclusief de $ 499 voor Apple Care+).

Ik laat de ZEISS Optical Inserts hier buiten beschouwing, omdat ik dit niet echt optionele accessoires zou willen noemen - als je een bril op sterkte draagt, heb je ze nodig.

APPLE VISION PRO REIS KOFFER

Het eerste dat je wilt overwegen is een hoesje. Er zullen genoeg externe bedrijven zijn die hoesjes maken (Spigen was een van de eersten; ze hebben een mooie voor net geen $100) voor de Vision Pro in de komende maanden en jaren, maar als je de officiële case van Apple wilt, dan kost die € 199,-.

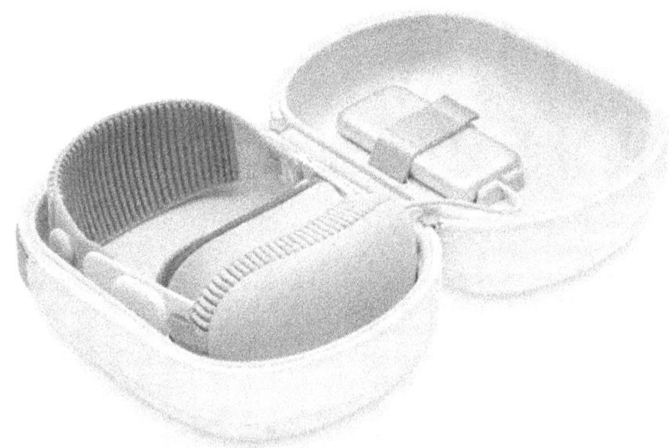

Ze noemen het een "reisetui", maar eigenlijk wil je dit waarschijnlijk voor dagelijks gebruik. Het is een vrij duurzame headset, maar de meeste mensen zullen zich waarschijnlijk niet op hun gemak voelen om hem op hun bank of bureau te gooien en weg te lopen.

BELKIN BATTERIJ HOUDER VOOR APPLE VISION PRO

Er is momenteel slechts één bedrijf van derden (afgezien van ZEISS) waarmee Apple samenwerkt op het gebied van accessoires: Belkin. De Vision Pro batterijpack is iets dat handig ontbreekt op veel van de Vision Pro foto's; het is niet dat Apple het feit verbergt dat je er een nodig hebt - ze weten waarschijnlijk gewoon dat het er een stuk interessanter uitziet als je niet iets aan je zijde hebt bungelen. Je kunt hem natuurlijk in je zak stoppen of naast je neerzetten, maar voor € 49 heeft Belkin een houder gemaakt voor het Battery pack, zodat je hem ook aan je kunt vastklemmen.

Heb je het nodig? Dat hangt er echt vanaf hoe je de Vision Pro. Als je ermee aan je bureau zit, is het snoer lang genoeg om hem zonder problemen neer te zetten; hetzelfde geldt als je een film kijkt. Hetzelfde geldt als je een film kijkt. Als je aan het trainen bent of aan het bewegen bent, kan het lastig worden, vooral als je iets draagt dat geen zakken heeft. Als je geen 49 dollar wilt uitgeven, is dit iets waar je waarschijnlijk veel goedkope oplossingen voor kunt vinden bij andere bedrijven.

APPLE VISION PRO BATTERIJ

Je kunt extra's kopen van bijna elk onderdeel op de Vision Pro. Is dat nodig? Als je het apparaat deelt met gezinsleden en hun hoofdomvang is groter, dan kan dat een goede investering zijn. Maar voor de meeste mensen is het antwoord nee. Er is echter één ding dat sommige mensen misschien willen kopen en dat is een extra batterij voor $199.

De Vision Pro gaat bij normaal gebruik ongeveer 2 uur mee. Tijdens een vlucht is dat waarschijnlijk niet genoeg tijd. Maar, en dit is een belangrijke maar, je kunt de accu opladen terwijl je hem gebruikt. Je kunt de accu ook opladen met een USB-C opladen terwijl je hem gebruikt. Voor sommige mensen is een extra accu misschien handiger, maar er zijn genoeg manieren om je Vision Pro ook zonder accu te gebruiken.

MAGISCH TOETSENBORD

De Vision Pro heeft een ingebouwd schermtoetsenbord. Het dicteren gaat ook heel gemakkelijk. Het toetsenbord is even wennen, maar het werkt vrij intuïtief als je het eenmaal onder de knie hebt. Toch, als je van plan bent om je Vision Pro naast je Mac te gebruiken om je werk te doen, is een toetsenbord wel handig. De officiële oplossing van Apple is het Magic Keyboard voor € 99. Technisch gezien kun je echter de meeste bluetooth-toetsenborden gebruiken.

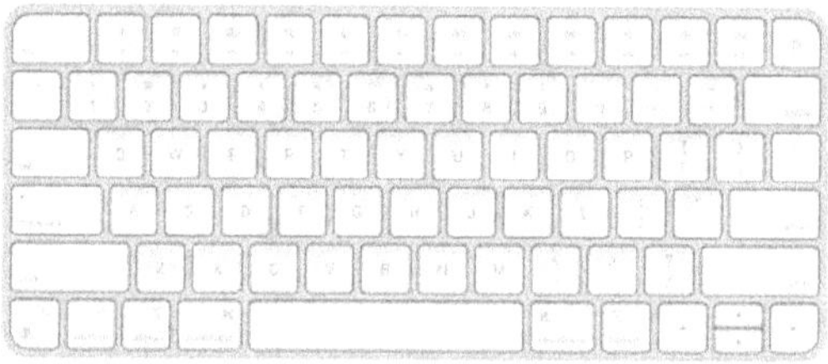

Je kunt de Vision Pro koppelen met trackpads en muizen. Zou je dat moeten doen? Nogmaals, het hangt echt af van je comfort en hoe je de Vision Pro gebruikt. Als je veel productiviteit en grafisch ontwerp gebruikt, misschien wel. Apple's officiële trackpad kost € 129, maar je kunt vrijwel elke bluetooth muis gebruiken die je op je bureau hebt liggen. Dat gezegd hebbende, eyetracking is veel beter dan typen op het scherm, dus je wilt het misschien eerst uitproberen voordat je extra geld uitgeeft aan een muis.

Zelf heb ik een Apple muis en toetsenbord, en ik heb een acryl blad gekocht (ongeveer $30 op Amazon) om ze in te doen; dus als ik mijn Vision Pro gebruik voor werk, heb ik het toetsenbord en de muis op mijn schoot (zie onderstaande afbeelding). Pro gebruik, heb ik het toetsenbord en de muis op mijn schoot (zie onderstaande afbeelding).

AIRPODS PRO (2E GENERATIE)

De Vision Het geluid van de Pro zal je waarschijnlijk versteld doen staan - en ook de persoon naast je irriteren, die niet kan zien wat jij ziet! Als je met anderen bent en geluid nodig hebt, dan is de AirPods Pro een goede investering (de 2e generatie heeft ook USB-C opladen). Technisch gezien kun je elke bluetooth headset gebruiken, maar alleen de AirPods Pro heeft ruimtelijk geluid.

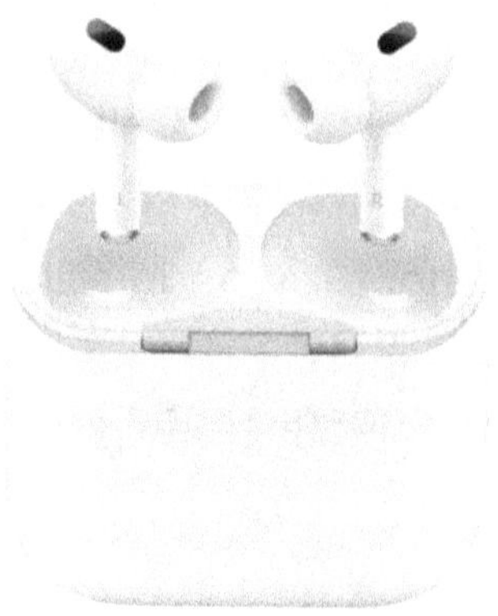

SONY PLAYSTATION® DUALSENSE™ DRAADLOZE CONTROLLER

Het laatste wat je misschien wilt kopen is een gamecontroller. Apple promoot de Sony-controller (€ 69,95) in de Apple Store-app, maar de meeste gamecontrollers werken prima.

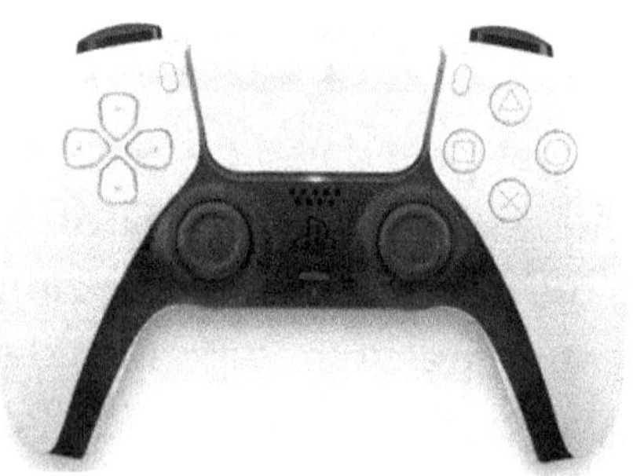

Alles op de Vision Pro werkt zonder controller, maar sommige games werken beter als je er een hebt.

INDEX

OVER DE AUTEUR

Scott La Counte is UX Designer en schrijver. Zijn eerste boek, *Quiet, Please: Dispatches from a Public Librarian* (Da Capo 2008) was de redactionele keuze van de Chicago Tribune en een Discovery-titel van de Los Angeles Times.

Hij heeft tientallen bestsellers geschreven over technische producten.

Hij doceert UX Design aan U.C. Berkeley.

Je kunt contact met hem opnemen op Scott-Douglas.org.